人间锦书，雁字 无回

乐琴书／著

中国历代女才子的红尘绝唱

中国华侨出版社

图书在版编目(CIP)数据

人间锦书，雁字无回：中国历代女才子的红尘绝唱 / 乐琴书著.
—北京：中国华侨出版社，2014.7 （2021.4重印）

ISBN 978-7-5113-4743-5

Ⅰ.①人…　Ⅱ.①乐…　Ⅲ.①女性-名人-生平事迹-中国-古代
Ⅳ.①K828.5

中国版本图书馆 CIP 数据核字(2014)第129500号

人间锦书，雁字无回：中国历代女才子的红尘绝唱

著　　者 / 乐琴书
责任编辑 / 文　喆
责任校对 / 孙　丽
经　　销 / 新华书店
开　　本 / 787毫米×1092毫米　1/16　印张/16　字数/230千字
印　　刷 / 三河市嵩川印刷有限公司
版　　次 / 2014年8月第1版　2021年4月第2次印刷
书　　号 / ISBN 978-7-5113-4743-5
定　　价 / 45.00元

中国华侨出版社　北京市朝阳区静安里26号通成达大厦3层　邮编：100028
法律顾问：陈鹰律师事务所
编辑部：(010)64443056　　　64443979
发行部：(010)64443051　　　传真：(010)64439708
网址：www.oveaschin.com
E-mail：oveaschin@sina.com

前言

　　"才逾苏小，貌并王嫱。韵中生韵，香外生香。品拟飞仙，情殊流俗。明月前身，可人如玉。逸气凌云，神仙益志。慧心青眼，雅态芳思。不慕繁华，依子空谷。谁其友之，唯松与竹。孤高成性，静而能安。谁其配之，唯桂与兰。"这是古人形容才女的一段著名的话，用在本书的前言，是为了纪念中国文学史上数以千计的优秀女性。

　　她们是独立于中国古代文学史上的一支独特的创作队伍，突破了"女子无才便是德"的封建压迫，营造出一个"扫眉才子知多少，管领春风总不如"的壮丽局面。尽管历史的尘埃早已掩埋曾经的如花容颜，但其文才，却隐藏在发黄的书页中，让后人追想不已。

　　蔡文姬、谢道韫、鱼玄机、上官婉儿、刘采春、李清照、朱淑真、黄娥、秋瑾……这些耳熟能详的名字有一个共同的特点：她们被后人称为才女，并在文学史上留下过或轻描淡写或浓墨重彩的一笔。

从中国古代第一位女诗人庄姜开始，女性便开始用文字来述说她们的情与爱、泪与痛、欢喜与悲辛。这里有许穆夫人的爱国情怀，有班婕妤的深宫寂寞，有蔡文姬的身世堪怜，有鱼玄机的少女情怀，有关盼盼的寡居生活，有秋瑾的男儿气质……她们用细腻动人的文字构造了一个温婉多情的女性世界，用清新丽雅的独特审美营造了一重重或优美或壮美的境界。

她们中有出身高贵的大家闺秀，有追求爱情自由的风流女道士，有未嫁便早夭的薄命女儿，有出身低贱卖笑为生的烟花女子，她们在诗歌中高唱着，呐喊着，欢笑着，哭泣着，一举一动，一颦一笑，无不牵动着古今读者的心灵。

女诗人的作品尽管在数量与题材上无法与男性诗人群体抗衡，但在质量上却有着不少丝毫不逊于男性文豪的作品，李清照的"生当作人杰，死亦为鬼雄"的呐喊，令当时的天下男儿赧颜；秋瑾"身不得，男儿列；心却比，男儿烈"的倾诉，瞬间便可让人热血沸腾。至于那些展现女性内心世界的诗词，堪可填补中国古代历史的空白，成为逝去的男权社会里不可忽视的声音。

正因如此，女性诗歌鉴赏才受到了后人的重视，作为选集，虽不能囊括历朝历代的优秀作品，却可以选择其中的佼佼者，让读者在轻松阅读的同时，了解其诗歌的时代背景、艺术特色，以及隐藏在诗歌背后的无数或凄婉或缠绵的故事。

从先秦到清末，女性诗人群体从业余走向专业，从稀少变为众多，以至于有清一代，女诗人多不胜数，她们结社吟诗，进行各种诗歌交流，丝毫不逊于当时的男性诗人。女性诗人群体的逐渐壮大，也使得无数文学研究者越来越重视这一群体的文学创作，以女性诗歌为研究对象的论文、专著也开始层出不穷。

对于普通读者来说，在女性地位不断提高、女性创作极其兴盛的今天，捧一本古代才女的诗词集，用心去阅读那些美丽的诗词背后曲折的故事，或许是再惬意不过的事情吧。

目 录
CONTENTS

庄姜（春秋·卫） ／《燕燕》

燕燕于飞，差池其羽。之子于归，远送于野。瞻望弗及，泣涕如雨。
燕燕于飞，颉之颃之。之子于归，远于将之。瞻望弗及，伫立以泣。
燕燕于飞，下上其音。之子于归，远送于南。瞻望弗及，实劳我心。
仲氏任只，其心塞渊。终温且惠，淑慎其身。先君之思，以勖寡人。

硕人其颀，衣锦褧衣。齐侯之子，卫侯之妻，东宫之妹，邢侯之姨，
谭公维私。手如柔荑，肤如凝脂，领如蝤蛴，齿如瓠犀，螓首蛾眉。巧笑
倩兮，美目盼兮。

这是《诗经·卫风》为后代读者呈现出的一幅美人图，在整齐划一的四言
诗句中，一位身材修长、皮肤白皙、眉目顾盼生情、巧笑盈盈醉人的春秋美
女跃然纸上，尽管隔着几千年的距离，我们依然可以亲见其音容笑貌与绰约
风姿。

这是中国古代文学作品中的第一美女。后人描写美女，不管是曹植《洛
神赋》里"翩若惊鸿，婉若游龙"的甄洛，还是白居易《长恨歌》中"回眸
一笑百媚生，六宫粉黛无颜色"的杨玉环，抑或曹雪芹《红楼梦》中"娴静
似娇花照水，行动如弱柳扶风"的林黛玉，都走不出《诗经》第一美人的影

子。让人惊叹的是，这个"巧笑倩兮，美目盼兮"的千古美女，同时还是中国历史上的第一位女诗人。

她叫庄姜，春秋时齐国公主，卫庄公的夫人。据宋代大儒朱熹考证，她在《诗经》中留下的作品，一共有五篇，最著名的莫过于《燕燕》。

然而，自古红颜多薄命。这位出身高贵、才华横溢又如花似玉的美女诗人，却是"平生遭际实堪伤"。作为齐国公主，她应该在富庶强大的家乡度过了一段快乐的少女时光，然而，当她风光无限地嫁给卫庄公后，也便结束了自己天真无邪、无忧无虑的少女时代，从此将一个敏感多情的女子诗意的忧伤，通通隐藏在婚后寂寞空虚的深闺中。由于没有生孩子，她很快遭到了长期的冷落，而她的夫君脾气暴戾，不仅无法给予她任何的温柔体贴，而且很快另娶妾室，将她抛在了脑后。

于是，她在《柏舟》一诗中吟唱道："泛彼柏舟，亦泛其流。耿耿不寐，如有隐忧。微我无酒，以敖以游。我心匪鉴，不可以茹。亦有兄弟，不可以据。薄言往愬，逢彼之怒。我心匪石，不可转也。我心匪席，不可卷也。威仪棣棣，不可选也。忧心悄悄，愠于群小。觏闵既多，受侮不少。静言思之，寤辟有摽。日居月诸，胡迭而微？心之忧矣，如匪浣衣。静言思之，不能奋飞。"

她在《日月》中感叹自己的不幸命运："日居月诸，照临下土。乃如之人兮，逝不古处。胡能有定？宁不我顾？日居月诸，下土是冒。乃如之人兮，逝不相好。胡能有定？宁不我报。日居月诸，出自东方。乃如之人兮，德音无良。胡能有定？俾也可忘。日居月诸，东方自出。父兮母兮，畜我不卒。胡能有定？报我不述！"

美丽的女人倘若缺少爱情的滋润，那份美丽似乎也会很快消逝；如同一块温润的美玉，因没有日月精华的滋润，早已黯淡无光。在卫庄公娶了陈国女子厉妫、戴妫后，庄姜抑郁不快的心情可想而知；不过，出身名门的庄姜善良、宽容，不仅没有因为妒忌而在卫国后宫上演一出"宫心计"，反而在陈女戴妫生下孩子后，将孩子视为己出，十分疼爱。

庄公死后，戴妫的儿子桓公继位，但不久便被庄公的另一个儿子州吁所杀，一场宫廷政变在卫国都城上演。作为深宫中女子，她们胆战心惊地目睹了阴谋与厮杀，权力与争斗，并眼睁睁地看着戴妫的儿子桓公在政变中被杀。桓公死后，伤心欲绝的戴妫重回陈国，庄姜远送于野，写下了这首忧伤凄美的《燕燕》。她一边在诗中表达对情同姐妹的戴妫的恋恋不舍，一边伤感自己的命运，诗句缠绵悱恻，委婉动人，被清代诗人王士禛称为"万古送别之祖"。

此诗以春去秋来的燕子起兴，引出情同姐妹的戴妫即将回归娘家之事。对于卫国来说，庄姜与戴妫不过是两只如同燕子般的候鸟，找不到永久属于自己的归宿。在卫国，她们消耗了青春年华，并拥有过属于自己的丈夫和孩子，可是，这一切都随着一场宫廷政变一去而不返了。戴妫还可以回到故国，庄姜却只能孤独终老于此，对于她来说，未来的卫国宫廷中，她只不过是一个毫无存在价值的"多余人"，生老病死，喜怒哀乐，还有谁在乎自己？还有谁会关心自己？想到这里，怎不令人肝肠寸断，泣涕如雨？

一个千娇百媚的公主在人生的晚年落到这样的境界，只能一次又一次地吟唱"之子于归"、"瞻望弗及"，这反复吟唱的诗句，像极了一个薄命女子的喃喃自语，读来催人泪下。或许也只有女子，才能将这种送别兼自伤之情，写得如此刻骨铭心吧。

许穆夫人（春秋·卫）／《载驰》

载驰载驱，归唁卫侯。驱马悠悠，言至于漕。大夫跋涉，我心则忧。

既不我嘉，不能旋反。视尔不臧，我思不远。

既不我嘉，不能旋济？视尔不臧，我思不閟。

陟彼阿丘，言采其蝱。女子善怀，亦各有行。许人尤之，众稚且狂。

我行其野，芃芃其麦。控于大邦，谁因谁极？

大夫君子，无我有尤。百尔所思，不如我所之。

她姓姬，是卫公子姬顽和夫人宣姜的女儿。她没有在历史上留下自己的名字，只因嫁给了许穆公，故而被人称之为"许穆夫人"。在那个红颜如祸水的年代，女人，不管美丽还是丑陋，都没有资格在历史上留下自己的真实姓名。

如果说庄姜是以美貌和才情著称的，那么许穆夫人留给后世的，则是她的爱国思想与奋不顾身的精神、勇气。

由于出身在弱国，在春秋那个弱肉强食的时代，许穆夫人从少女时代开始便深深为祖国的安危忧虑着，待到及笄之年，一般女子面临择偶时，首先考虑的是甜蜜的爱情和个人的终生幸福，即便迫于父母之命嫁给自己并不喜欢的人，也要考虑到对方的财富和地位，但许穆夫人首先考虑的是国家利益，而非个人爱情。当时，美丽的少女面对慕名而来的求婚者许穆公和齐桓公，心中早就有了主意。父亲想把她许配给许穆公，她得知后便义正词严地对母亲说："如今许国小而远，齐国大而近。当今之世，强者为雄。一旦我们国家边境被人侵犯，便只能向大国求救，如果我嫁到齐国，那么得到齐国的救助不就是理所当然的吗？"不过，专横的父亲并没有将女儿的话放在心上，而是贪图许国的重礼，自作主张将她嫁给了许穆公。

嫁到许国后，许穆夫人虽过着锦衣玉食的生活，却常常闷闷不乐。她一直心怀故国，常常登高抒情，借诗咏志，留下了《竹竿》、《泉水》等思乡的诗篇。她在《竹竿》一诗中写道："籊籊竹竿，以钓于淇。岂不尔思？远莫致之。泉源在左，淇水在右。女子有行，远兄弟父母。淇水在右，泉源在左。巧笑之瑳，佩玉之傩。淇水滺滺，桧楫松舟。驾言出游，以写我忧。"

淇水是卫国青年男女的伊甸园，少女时代的许穆夫人，曾经在淇水边度过了十分快乐的时光，如今远嫁他乡，每当怀念故乡和家中亲人时，淇水便首当其冲地浮现在脑海中，与她的思乡之情融合在一起。

在《泉水》一诗中，许穆夫人咏唱道：

"毖彼泉水，亦流于淇。有怀于卫，靡日不思。娈彼诸姬，聊与之谋。出宿于泲，饮饯于祢。女子有行，远父母兄弟，问我诸姑，遂及伯姊。

出宿于干，饮饯于言。载脂载辖，还车言迈。遄臻于卫，不瑕有害？我思肥泉，兹之永叹。思须与漕，我心悠悠。驾言出游，以写我忧。"

后人曾经评论此诗说："全诗皆虚景也。因想成幻，构出许多问答，许多路途，又想到出游写忧，其实未出中门半步也。东野《征妇怨》'渔阳千里道，近如中门限。中门逾有时，渔阳常在眼'，即此意。犹杜工部所谓'即从巴峡穿巫峡，便下襄阳向洛阳'（《闻官军收河南河北》）也。"

可惜的是，这一腔思念无人能解。她的夫君许穆公虽然不是卫庄公那样暴虐之徒，但他资质平庸，胆小怕事，只知沉醉于声色犬马之中，不懂忧愁为何物，根本配不上心高气傲的许穆夫人。

公元前 660 年，北狄侵卫，卫国危在旦夕。此时卫国的国君是许穆夫人的哥哥魏懿公，此人别的长处和爱好都没有，唯独喜欢养鹤。他在宫苑中饲养了成群的白鹤，还别出心裁地将白鹤封为将军，享受比士大夫还要优厚的待遇，同时给养鹤人封了官职，让他们精心饲养这群白鹤。时间一长，宫里的钱不够用了，魏懿公便巧立名目向老百姓征收"鹤捐"。"鹤捐"搅得卫国上下天怒人怨，待到敌国的军队一入侵，便再也没有将士愿意为魏懿公卖命出征了。

眼看着敌军如入无人之境，魏懿公只能亲自领兵上战场，然而，这位玩物丧志的深宫之主又怎么是强悍凶猛的北狄将士的对手呢？很快，卫国战败，魏懿公死于乱军之中，卫国都城被敌军洗劫一空。

噩耗很快传到了许国。许穆夫人得知后，心急如焚，恨不能插上翅膀立马飞回故国，驰骋疆场抗敌复国，报仇雪恨。她请求许穆公出兵增援，但胆小如鼠的许穆公视北狄如畏虎，只能支支吾吾地表示，许国军队还需操练，待到兵强马壮的那一天，一定出兵为夫人报仇。这明显就是托词，许穆夫人冷笑一声，告辞而去。

无奈之下，许穆夫人毅然决定亲自驰反卫国，挽救国土危难。路途中，得知计划的许国大臣纷纷表示反对，派人阻止许穆夫人归国。夫人气愤交加，写下了这首千古名篇《载驰》，表达自己坚定不移的意志和归国报仇雪恨的决心。

诗中反复吟唱，"既不我嘉，不能旋反。视尔不臧，我思不远"，"既不我嘉，不能旋济？视尔不臧，我思不闷"，意思是没有人赞成我回国报仇，但也没有人能够动摇我的意志，你们的想法我是不会考虑的，因为你们这些许国人怎能洞悉我心中的烦恼和忧虑？

许穆夫人还在诗中责备许国群臣"许人尤之，众稚且狂"，同时表示"大夫君子，无我有尤。百尔所思，不如我所之"。意思是自己绝不会将许国君臣幼稚而又张狂的想法放在心上，因为他们根本不会将卫国的利益放在心上，而真正能够帮助卫国的，只有出生于卫国的自己。

就这样，带着对故土的无限思念，许穆夫人无视许国大臣的反对，毅然回到卫国，见到了刚刚被拥戴为王的卫戴公（许穆夫人的另一位哥哥），许穆夫人一边吩咐随从向难民分发救济物品，一边与卫戴公商议复国大计，同时还向齐国请求救援。

或许是许穆夫人这种拯救卫国的坚定决心打动了齐桓公，或许是齐桓公内心深处还保留着当初对许穆夫人的一丝爱慕，齐桓公决定出兵相助。在齐国军队的帮助下，卫国人最终打败北狄，收复了故国。

一国危难之际，挺身而出的却是一介红颜，她的英姿飒爽，她的坚毅果敢，她的绝代风华，在一首《载驰》的吟唱中，展露无遗。

虞姬 （秦末） ／《和项王歌》

汉兵已略地，四方楚歌声。

大王意气尽，贱妾何聊生。

才子佳人，英雄美女，自来就是千古佳话。如果说提起才子佳人，人们便会想起唐伯虎与秋香，那么提起英雄美女，楚霸王和虞姬便是绕不开的话题。

有人说，虞姬是慕项羽的英名自愿嫁与他为妻的；也有人说，项羽在江东时偶遇虞姬，惊为天人，故而求娶佳人，共谱佳话。

这些都不重要，正如罗大佑有一首《滚滚红尘》的歌："起初不经意的你，和少年不经事的我，红尘中的情缘，只因那生命匆匆不语的胶着……"，或许楚霸王和虞姬，就是这样不经意间走到一起的。

重要的是，无论贫穷富贵，无论胜败生死，他们都能相濡以沫，誓死不渝。

所以，楚霸王项羽才会在兵败乌江的时刻感慨："力拔山兮气盖世，时不利兮骓不逝。骓不逝兮可奈何，虞兮虞兮奈若何！"

所以，美人虞姬才会在生命的最后一刻吟唱："汉兵已略地，四方楚歌声。大王意气尽，贱妾何聊生。"

所以，《垓下歌》应该与《和项王歌》一起欣赏，方能体会其中的深意。一个是四面楚歌，兵败乌江，英雄末路，回首身旁，只有心爱的虞姬与乌骓马生死相随；一个是美人情烈，绝代芳华，一曲悲歌中早已下定必死的决心。此情此景，怎不叫人肝肠寸断！

楚歌声中，虞姬跳了人生中最后一支舞，为那个被人称之为英雄气短儿女情长的男人。曼妙的舞姿里项王一杯接一杯地痛饮，虞姬的眼前却浮现出以往岁月中的一幕幕：此刻，这个走到末路的男人，才是这个世界上真正的英雄，他侠骨柔肠，情深义重，自始至终从未泯灭对女性的温情。他是一个完整真实的普通人，他有着毫不混淆的爱恨情仇。

他狂放，所以十几岁就无所顾忌地对着东游的秦始皇喊出心中的狂言："彼可取而代也！"，真是初生牛犊不畏虎。

他狂傲，他的骄傲来源于骨子里的贵族气质。鸿门宴上，年方24岁的少年英雄，有着大把的青春作为赌注，根本不把那个赔着小心的市井无赖当成一回事，他自信地坐在主位上，居高临下地打量着眼前这位身虚体胖的中年人，深黑的眼波里流过一丝不屑。

他狂狷，所以执拗地违背亚父范增的意愿，像一个处于叛逆期的孩子，本能地抗拒着来自父辈们的谆谆告诫。

他真诚，他的真诚，是巨鹿之战中即兴发表的煽动式演讲，是鸿门宴上对着樊哙直呼"壮士"的爽快，是被范增骂作"竖子"后默然不应的孩子气，是被刘邦三两句可怜兮兮的解释便卸去武器，并且立马供出卧底曹无伤的简单。

他温暖，他眷念故土，心心念念的是江东父老，以致被人嘲笑为沐猴而冠。在虞姬看来，说这话的肯定是像刘邦那样的好色男人，为了前程，老婆孩子都可以不要，父亲也可以任人宰割，还要分一杯羹，何谈故土之情？

他仁爱，狂放不羁的面孔下掩盖着一片脉脉情怀。他的仁爱，是虽杀敌如麻，对自己的将士却关爱备至，并亲自为他们吮血敷伤时的流泪不止；是一再放走刘邦、刘父、吕后，以及刘邦一对儿女的"妇人之仁"。

作为女人，短暂的生命中能得如此知己，可谓足矣。尽管此刻身临绝境，但虞姬无怨无悔。为了让项王无所牵挂，唱完了这首爱情悲歌，虞姬拔剑自刎，颈间的鲜血溅落在项王的衣袍上，如同盛开了一夜的芍药花。

不离不弃，生死相依。这便是这一对英雄美人的爱情誓言。

有人或许会说：如果虞姬不自刎，或许项羽还会带着她渡过乌江，或是东山再起，或是做一对布衣夫妻。事实上，这样的设想只不过是读者的一厢情愿。这一对英雄儿女，以轰轰烈烈的爱情开始，又怎么会悄无声息地结束呢？虞姬死得惨烈，正是这惨烈激荡着楚霸王的心胸，让他在那个四面楚歌的夜晚选择战斗到人生的最后一刻。

就这样，美人自刎乌江后，楚霸王项羽进行了他人生中的最后一战——东城之战。这是一场完全为了人格尊严的战斗，那个铁骨铮铮的男人，他完全配得上虞姬的惨烈忠贞，他虽败犹荣。

还是让太史公来为我们描述项羽生命的最后一刻吧："乃令骑皆下马步行，持短兵接战。独籍所杀汉军数百人。项王身亦被十余创……乃自刎而死。"尽管有机会逃亡，他宁可选择战死疆场；尽管只剩一个人，他还是坚持战斗到了最后。

慷慨赴死，义无反顾。这样的一对英雄儿女，这样的惨烈与悲壮，这样的高贵与骄傲，是刘邦平民式的实用主义永远也无法达到的境界。

班婕妤（西汉）／《团扇歌》

新裂齐纨素，皎洁如霜雪。
裁作合欢扇，团圆似明月。
出入君怀袖，动摇微风发。
常恐秋节至，凉意夺炎热。
弃捐箧笥中，恩情中道绝。

有人说，流潋紫在《甄嬛传》中塑造的沈眉庄形象，便是以班婕妤为原型的。

班婕妤，名班姬。西汉成帝嫔妃。少有才学，善辞赋，十七岁选入后宫，始为少使，不久立为婕妤，故后人称为班婕妤（又作倢伃）。

婕妤，汉代女官名。汉成帝将这个称号封给班姬，可见她入选宫中不是因为容貌出众，而是因为才学过人。

由于出身名门，班婕妤从小便受过良好的教育，她擅长音律，会写诗，会谱曲，还是中国文学史上以辞赋见长的女作家之一。对于汉成帝而言，这个女子不太像他的侍妾，反而有些像他的良师益友。两人在一起，可以诗文唱和，咏史怀古，谈论人生，就像两个志同道合的朋友，终日相对不倦。

此外，这个女子还十分贤德。当时，汉成帝为了能与班婕妤形影不离，特命人制作了一辆较大的辇车，以便两人同车出游，班婕妤得知后说了这样一句话："贤圣之君皆有名臣在侧，三代末主乃有嬖女。"

这句话十分厉害。其大意是：古代的圣贤之君，陪伴在身边的都是名臣，只有夏、商、周三代的夏桀、商纣、周幽王，才有嬖幸的妃子陪坐在身边。其潜台词是：难道皇帝愿意做夏桀、商纣、周幽王那样的荒淫之主吗？

一句话打消了汉成帝的念头，也为班婕妤赢得了贤德的美名。汉成帝的母亲王太后得知后，将班婕妤与春秋时代楚庄公的夫人樊姬相提并论，称赞她"古有樊姬，今有班婕妤"。如此一来，皇宫上下的人无不敬服班婕妤。

然而，这既是班婕妤的幸运，也是她的不幸。

这样的女子，在宫中是不会争宠的，恰如《红楼梦》里的贾元春，她之所以成为元妃，是因为才华出众，若论耍心眼儿玩心计，愚弄旁人于股掌之上，她们不是个中人。

遗憾的是，班婕妤承宠多年，曾生下一个皇子，但数月后夭折，从此再无生育。尽管汉成帝恩爱不断，但对于后宫中的女人来说，却是一个莫大的缺陷，危机很快就会到来。

很快，赵飞燕姐妹入宫，恃宠若娇，飞扬跋扈，班婕妤的地位一落千丈。对于坐拥后宫佳丽三千的帝王来说，光有才德是远远不够的，美貌性感的女人才是吸引他不断涉猎的对象。

班婕妤不可避免地走上了失宠的道路，与她同样失宠的还有当时的许皇后。作为正宫娘娘，许皇后不甘失宠的境界，每日便在寝宫中设置神坛，晨昏诵经礼拜，表面上祈求皇帝多福多寿，暗地里却诅咒赵氏姐妹灾祸临门。这种愚蠢的做法不但没有得到任何应验，反而最终使她失去了皇后的地位。

事情败露后，许皇后废居昭台宫，更无端牵连到班婕妤。赵飞燕姐妹为了打击班婕妤，故意在汉成帝面前进谗言，指出班婕妤也参与了此事。汉成帝沉湎美色，竟然听信谗言，命人传来班婕妤，准备对她施以惩罚。

浮华肤浅的赵飞燕姐妹恐怕没有料到，在偌大的后宫中，才华横溢的女人不是那么好对付的。当班婕妤一身素装，沉静而稳重地站在汉成帝面前时，她从容不迫地对答道："妾闻死生有命，富贵在天，修正尚未得福，为邪欲以何望？若使鬼神有知，岂有听信谗愬之理；倘若鬼神无知，则谗愬又有何益？妾不但不敢为，也不屑为。"

这句话的意思是，人的寿命、贫富都由上天决定，非人力可以改变，既然如此，又何必求鬼神去陷害别人呢？倘若鬼神有知，岂肯听信这些谗言？倘若神明无知，诅咒又有什么用处？这种事情，臣妾不敢做，也不屑做。

同样是一句话，同样又打消了汉成帝惩罚班婕妤的念头。不但不惩戒，汉成帝还特意厚加赏赐，加以安慰，以弥补内心的愧疚。这个女子不可小觑，赵氏姐妹从此再也不敢谗构班婕妤了。

为了避免后宫中的是是非非，班婕妤选择了一个明哲保身的做法，她写成一篇奏章，自请前往长信宫侍奉王太后，将自己置于王太后的羽翼之下。汉成帝立刻就答应了。

如此聪明的做法，大概就是沈眉庄路线的由来吧。只是深宫寂寞，岁月悠悠，班婕妤没有孩子，说白了只是一个等死的女人。如此才貌，只能付与这深宫后院，眼睁睁地看着年华如流水般逝去，多情而敏感的班婕妤不由心中郁闷，作《自悼赋》与《团扇诗》以自伤。

班婕妤在《自悼赋》中感叹道：

"承祖考之遗德兮，何性命之淑灵。登薄躯于宫阙兮，充下陈为后庭。蒙圣皇之渥惠兮，当日月之圣明。扬光烈之翕赫兮，奉隆宠于增城。既过幸于非位兮，窃庶几乎嘉时，每寤寐而累息兮，申佩离以自思，陈女图以镜监兮，顾女史而问诗。悲晨妇之作戒兮，哀褒阎之为邮；美皇、英之女虞兮，荣任姒之母周。虽愚陋其靡及兮，敢舍心而忘兹？历年岁而悼惧兮，闵蕃华之不滋。痛阳禄与柘馆兮，仍褵褓而离灾，岂妾人之殃咎兮，将天命之不可求。白日忽已移光兮，遂晻莫而昧幽，犹被覆载之厚德兮，不废捐于罪邮。奉共养于东宫兮，托长信之末流。共洒扫于帷幄兮，永终死以为期。愿归骨于山足兮，依松柏之余休。"

而《团扇诗》，又称《怨歌行》。诗歌以团扇自喻，深宫中的班婕妤，就像秋冬的团扇，再也得不到君王的爱恋，那种"出入君怀袖，动摇微风发"的日子，只能存在于记忆中，偶尔涌上心头，也只不过徒引一番伤感罢了。

只不过，团扇还可以等待来年的夏天，而深宫中的班婕妤，却再也等不到人生中的另一个盛夏了。

班昭（东汉）／《东征赋》

　　惟永初之有七兮，余随子乎东征。时孟春之吉日兮，撰良辰而将行。乃举趾而升舆兮，夕予宿乎偃师。遂去故而就新兮，志怆恨而怀悲！

　　明发曙而不寐兮，心迟迟而有违。酌醽酒以弛念兮，喟抑情而自非。谅不登樔而椓蠡兮，得不陈力而相追。且从众而就列兮，听天命之所归。遵通衢之大道兮，求捷径欲从谁？乃遂往而徂逝兮，聊游目而遨魂！

　　历七邑而观览兮，遭巩县之多艰。望河洛之交流兮，看成皋之旋门。既免脱于峻崄兮，历荥阳而过卷。食原武之息足，宿阳武之桑间。涉封丘而践路兮，慕京师而窃叹！小人性之怀土兮，自书传而有焉。

　　遂进道而少前兮，得平丘之北边。入匡郭而追远兮，念夫子之厄勤。彼衰乱之无道兮，乃困畏乎圣人。怅容与而久驻兮，忘日夕而将昏。到长垣之境界，察农野之居民。睹蒲城之丘墟兮，生荆棘之榛榛。惕觉寤而顾问兮，想子路之威神。卫人嘉其勇义兮，讫于今而称云。蘧氏在城之东南兮，民亦尚其丘坟。唯令德为不朽兮，身既没而名存。

　　惟经典之所美兮，贵道德与仁贤。吴札称多君子兮，其言信而有徵。后衰微而遭患兮，遂陵迟而不兴。知性命之在天，由力行而近仁。勉仰高而蹈景兮，尽忠恕而与人。好正直而不回兮，精诚通于明神。庶灵祇之鉴照兮，佑贞良而辅信。

乱曰：君子之思，必成文兮。盍各言志，慕古人兮。先君行止，则有作兮。虽其不敏，敢不法兮。贵贱贫富，不可求兮。正身履道，以俟时兮。修短之运，愚智同兮。靖恭委命，唯吉凶兮。敬慎无怠，思嗛约兮。清静少欲，师公绰兮。

如果光从家庭出身来看，班昭一定是个让人羡慕的女子。

她出身于史官世家，她的父亲班彪是当代的大文豪，哥哥班固是东汉著名的史学家，"二十四史"之一《汉书》的作者，弟弟班超是东汉名将，为丝绸之路的开辟做出过卓越的贡献，一家人都是在青史上留下美名的人物。

出身于这样家庭的女子，不仅从小受到良好的呵护和教育，而且举手投足间会有一种挥之不去的书卷气息。班昭秉承家学渊源，小小年纪便展现出她的聪明颖悟，不同寻常。

十四岁时，班昭嫁给了同郡曹世叔为妻，古代出嫁女子大多随夫姓，所以人们便将班昭称为"曹大家"。对于班昭而言，这是一门美满的婚姻，丈夫生性活泼外向，而班昭则温柔细腻，夫妇二人琴瑟相合，生活在一起别有一番情趣。

不幸的是，曹世叔因病去世，班昭年纪轻轻便做了寡妇，身边只留下两个儿子和几个女儿。丧偶后的班昭将全部精力放在养育儿子与编写《汉书》上来。

《汉书》是我国第一部纪传体断代史，与"史记"齐名。班昭的父亲班彪在世的时候，便开始着手这部书的写作，父亲死后，哥哥班固接过父亲手中的笔，继续完成《汉书》的编写，此时，班昭虽然要照顾年幼的儿女，但也常常帮助兄长搜集资料，查阅典籍，参与《汉书》的编纂。

然而，就在班固即将完成《汉书》时，他却因窦宪一案的牵连，死在狱中，命运与《史记》的作者司马迁出奇地相似。班昭悲痛之余，毅然接过亡兄的工作，决定完成这一伟大的家族事业。

她将全身心都投入到《汉书》的撰写工作中，并经过多次请求最终获得汉和帝的恩准，随意出入东观藏书阁翻阅典籍，经过多年的努力，班昭终于完成了《汉书》。

《汉书》问世后，班昭的博学多才便深得汉和帝的器重，汉和帝多次将班昭召进宫中，让她向皇后和妃嫔们讲述儒家经典、天文、数学，并让后妃们尊她为师，班昭从此声名大震。邓太后掌权时，班昭还曾参与政事，充分展现了自己的政治才华。

此时，班昭的哥哥班超已经年过七十，却还在西域担任都护，班昭思念哥哥，希望兄妹团聚，于是不顾一切地给皇帝上书：

"妾同产兄西域都护定远侯超，幸得以微功得蒙重赏，爵列通侯，位二千石，天恩殊绝，诚非小臣所当被蒙。超之始出，志捐躯命，冀立微功，以自陈效。会陈睦之变，道路隔绝，超以一身转侧绝域，晓譬诸国，固其兵众，每有攻战，辄为先登。身被金夷，不避死亡，赖蒙陛下神灵，且得延命沙漠；至今积三十年，骨肉生离，不复相识；所与相随时人士众，皆已物故；超年最长，今且七十，衰老被病，头发无黑，两手不仁，耳目不聪明，扶杖乃能行，虽欲竭尽其力，以报塞天恩，迫于岁暮，犬马齿索，为之奈何？

蛮夷之性，悖逆侮老，而超旦暮入地，久不见代，恐开奸宄之原，生逆乱之心。而卿大夫咸怀一切，莫肯远虑，如有卒暴，超之气力不能从心，便为上损国家累世之功，下弃忠臣竭身之用，诚可痛也。故超万里归诚，自陈苦急，延颈逾望，三年于今，未蒙省禄。

妾窃闻古者十五受兵，六十还之，亦有休息不任职也。缘陛下以至孝理天下，得万国之欢心，不遗小国之臣，况超得备候伯之位，故敢触死为超求哀，匄超余年，一得生还；复见阙庭，使国家永无劳远之虑，西域无仓猝之忧，超得长蒙文王葬骨之恩，子方哀老之急。"

汉和帝读过班昭的上书，深为书中的内容所打动，觉得自己愧对老臣，便派人将班超接回京中，使其得以骨肉团圆。

68 岁那年，班昭曾跟随儿子河南陈留就职，母子二人从京城洛阳出发，一路东行，沿途跋涉，路途上的见闻让年迈的班昭心有所感，于是写下了这首《东征赋》。

在这篇赋中，班昭一方面表达自己离开故土洛阳的伤感之情，一方面又写出了长途跋涉的辛苦和劳累，并将路途中的所见、所感细腻地展现在诗句中；在路过历史遗迹的时候，她缅怀先贤、咏史怀古，在目睹民生疾苦的时候，她又对灾难深厚的百姓寄予了同情，可以称得上是东汉民生疾苦的一篇"实录"。

在《东征赋》的最后，班昭还不忘劝导人们"贵贱贫富，不可求兮。正身履道，以俟时兮。"意思是人们应该洁身自好、坚持正道，敬业慎行。

清代女作家赵傅曾在《后汉列女颂（并序）》中赞班昭"东观续史，赋颂并娴"，或许从一篇《东征赋》中，我们可以窥见班昭丝毫不逊于男子的才华和美德。

蔡琰（东汉）／《悲愤诗》（其一）

汉季失权柄，董卓乱天常。志欲图篡弑，先害诸贤良。逼迫迁旧邦，拥主以自强。

海内兴义师，欲共讨不祥。卓众来东下，金甲耀日光。平土人脆弱，来兵皆胡羌。

猎野围城邑，所向悉破亡。斩截无孑遗，尸骸相撑拒。马边悬男头，马后载妇女。

长驱西入关，迥路险且阻。还顾邈冥冥，肝脾为烂腐。所略有万计，不得令屯聚。

或有骨肉俱，欲言不敢语。失意几微间，辄言弊降虏。要当以亭刃，我曹不活汝。

岂敢惜性命，不堪其詈骂。或便加棰杖，毒痛参并下。旦则号泣行，夜则悲吟坐。

欲死不能得，欲生无一可。彼苍者何辜，乃遭此厄祸。边荒与华异，人俗少义理。

处所多霜雪，胡风春夏起。翩翩吹我衣，肃肃入我耳。感时念父母，哀叹无穷已。

有客从外来，闻之常欢喜。迎问其消息，辄复非乡里。邂逅徼时愿，骨肉来迎己。

己得自解免，当复弃儿子。天属缀人心，念别无会期。存亡永乖隔，不忍与之辞。

儿前抱我颈，问母欲何之。人言母当去，岂复有还时？阿母常仁恻，今何更不慈？

我尚未成人，奈何不顾思？见此崩五内，恍惚生狂痴。号泣手抚摩，当发复回疑。

兼有同时辈，相送告离别。慕我独得归，哀叫声摧裂。马为立踟蹰，车为不转辙。

观者皆嘘唏，行路亦呜咽。去去割情恋，遄征日遐迈。悠悠三千里，何时复交会。

念我出腹子，胸臆为摧败。既至家人尽，又复无中外。城廓为山林，庭宇生荆艾。

白骨不知谁，纵横莫覆盖。出门无人声，豺狼号且吠。茕茕对孤景，怛咤糜肝肺。

登高远眺望，魂神忽飞逝。奄若寿命尽，旁人相宽大。为复强视息，虽生何聊赖。

托命于新人，竭心自勖励。流离成鄙贱，常恐复捐废。人生几何时，怀忧终年岁。

古人云："中郎有女能传业"，所谓中郎，指的是东汉时期著名的文学家和音乐家蔡邕，而他的女儿，即中国文学史上著名的才女蔡琰。

蔡琰，字文姬。所谓"中郎有女能传业"，指的是蔡文姬不仅精通诗赋与音律，还精于天文数理，有辩才，并有志与父亲一起续修《汉书》。然而，在东汉末年那个动荡不安的时代，即便是蔡文姬这种生长于诗书世家的闺阁少女，命运依旧坎坷。

到了及笄之年，父亲为蔡文姬选择了一个中意的夫君，对方乃诗书名门河东卫家。虽然远嫁他乡，但她的夫君却是著名的才子卫仲道。夫妇二人兴趣相投，常常谈诗论文，十分恩爱。然而好景不长，不到一年，卫仲道便因肺病咯血而死。

文姬与夫君虽然恩爱，但没有子嗣。心高气傲的文姬不堪忍受夫家对她"克夫"的指责与嫌弃，不顾父亲的反对，毅然回到了娘家。

在汉代，还没有形成"一女不侍二夫"、"三从四德"、"三纲五常"之类束缚女性自由的封建礼教，因此女子守寡后重回娘家的例子很多，卓文君、蔡文姬都是如此。不过，文姬回到娘家后没有享受太久的平静生活，一场战乱便彻底改变了她的人生。

一切便如蔡文姬在《悲愤诗》中所述，这场战乱起于"汉季失权柄，董卓乱天常"，这个乱臣贼子把握朝政后，东汉政权早就分崩瓦解。司徒王允不满董卓倒行逆施，用美人计杀死董卓后，全国更是陷入了混战的局面。恰在此时，位于北方边境的羌胡番兵乘虚而入，乘机掠掳中原一带，番兵所到之处，只见"猎野围城邑，所向悉破亡。斩截无孑遗，尸骸相撑拒。马边悬男头，马后载妇女"，生灵涂炭，哀鸿遍野。

此时，蔡邕已经去世，一个没有家人、丈夫庇护的弱女子在乱世中只能将自己的命运交给运气，但幸运之神没有庇护文姬，作为被掳的女子，文姬与许多南朝妇女一起被番兵带到了北匈奴。

此时此刻，国破家亡，被掳异乡，未来会是个什么样子？文姬不知道，她怀着一种凄凉的心境一步步走向"旦则号泣行，夜则悲吟坐。欲死不能得，

"欲生无一可"的命运，在"处所多霜雪，胡风春夏起。翩翩吹我衣，肃肃入我耳"的北地风光中"感时念父母，哀叹无穷已"。

这一年，文姬只有二十三岁；而这一去，却是整整十二年。

十二年中，文姬被迫嫁给了匈奴的左贤王，并为他生下了两个儿子。尽管骨肉之情偶尔可以消去文姬心中思乡的悲痛，但异族异乡异俗生活的痛苦，想来无时无刻不触目惊心。

直到有一天，"有客从外来，闻之常欢喜"。原来，曹操平定董卓之乱，统一北方后，仰慕蔡文姬的才华，特意派遣使者前来匈奴打探她的消息，并准备用金币将文姬赎回，带回南朝。这一消息令文姬喜出望外，她刚准备收拾行李，却突然听到了一双儿子的啼哭声，内心顿时肝肠寸断，想起"已得自解免，当复弃儿子。天属缀人心，念别无会期"，骨肉从此即将分离，再无相见的机会，此情此景，对于一个母亲，又如何能够抛舍得了？

于是，诗中用一段最感人的母子对话描述了骨肉分离的场景："儿前抱我颈，问'母欲何之？人言母当去，岂复有还时？阿母常仁恻，今何更不慈？我尚未成人，奈何不顾思？'"

对此，文姬泪如雨下，只能"号泣手抚摩，当发复回疑"。在汉朝使者的连连催促下，她只能狠心抛下一对天真的孩子，在恍惚中登车而去。一路上，文姬听着车轮转动的声音，十二年的生活，点点滴滴注入心头。

此时此刻，文姬的心情，也可以在她的《胡笳十八拍》中得到印证：

第一拍："我生之初尚无为，我生之后汉祚衰。天不仁兮降乱离，地不仁兮使我逢此时。干戈日寻兮道路危，民卒流亡兮共哀悲。烟尘蔽野兮胡虏盛，志意乖兮节义亏。对殊俗兮非我宜，遭恶辱兮当告谁。笳一会兮琴一拍，心溃死兮无人知。"

第七拍："日暮风悲兮边声四起，不知愁心兮说向谁是。原野萧条兮烽戍万里，俗贱老弱兮少壮为美。逐有水草兮安家葺垒，牛羊满地兮聚如蜂蚁。草尽水竭兮羊马皆徙，七拍流恨兮恶居于此。"

第十三拍："不谓残生兮却得旋归，抚抱胡儿兮泣下沾衣。汉使迎我兮四牡骈骈，胡儿号兮谁得知。与我生死兮逢此时，愁为子兮日无光辉。焉得羽翼兮将汝归，一步一远兮足难移。魂消影绝兮恩爱遗，十有三拍兮弦急调悲，肝肠搅刺兮人莫我知。"

第十四拍："身归国兮儿莫知随，心悬悬兮长如饥。四时万物兮有盛衰，唯有愁苦兮不暂移。山高地阔兮见汝无期，更深夜阑兮梦汝来斯。梦中执手兮一喜一悲，觉得痛吾心兮无休歇时。十有四拍兮涕泪交垂，河水东流兮心是思。"

回朝后，曹操亲自主婚，将文姬嫁给了汉朝文士董祀。但此时此刻，她或许再也不复当年出嫁时的少女心境了。或许只有在她的《悲愤诗》与《胡笳十八拍》中，文姬能够回到那秋风萧瑟的北地，与一对可爱的儿子重逢相聚吧。

针对文姬一生三嫁的坎坷命运，后代诗人丁廙翰在《蔡伯喈女赋》感慨她的婚姻：

"伊太宗之令女，禀神惠之自然；在华年之二八，披邓林之曜鲜。明六列之尚致，服女史之语言；参过庭之明训，才朗悟而通玄。当三春之嘉月，时将归于所天；曳丹罗之轻裳，戴金翠之华钿。羡荣跟之所茂，哀寒霜之已繁；岂偕老之可期，庶尽欢于馀年。"

甄皇后（三国·魏）／《塘上行》

蒲生我池中，其叶何离离。傍能行仁义，莫若妾自知。

众口铄黄金，使君生别离。念君去我时，独愁常苦悲。

想见君颜色，感结伤心脾。念君常苦悲，夜夜不能寐。

莫以豪贤故，弃捐素所爱？莫以鱼肉贱，弃捐葱与薤？

莫以麻枲贱，弃捐菅与蒯？出亦复何苦，入亦复何愁。

边地多悲风，树木何修修！从君致独乐，延年寿千秋。

有句俗语道："江南有二乔，河北甄宓俏"，一语道出了三国时期的三大美人。

如果说这句俗语过于抽象，不足以概括甄宓的绝代姿容，那么有一篇脍炙人口的作品，是这样描写甄宓之美的：

"其形也，翩若惊鸿，婉若游龙，荣曜秋菊，华茂春松。仿佛兮若轻云之蔽月，飘摇兮若流风之回雪。远而望之，皎若太阳升朝霞。迫而察之，灼若芙蕖出渌波。秾纤得衷，修短合度。肩若削成，腰如约素。延颈秀项，皓质呈露，芳泽无加，铅华弗御。云髻峨峨，修眉联娟，丹唇外朗，皓齿内鲜。明眸善睐，靥辅承权，瑰姿艳逸，仪静体闲。柔情绰态，媚于语言。奇服旷世，骨像应图。披罗衣之璀粲兮，珥瑶碧之华琚。戴金翠之首饰，缀明珠以耀躯。践远游之文履，曳雾绡之轻裾。微幽兰之芳蔼兮，步踟蹰于山隅。于是忽焉纵体，以遨以嬉。左倚采旄，右荫桂旗。攘皓腕于神浒兮，采湍濑之玄芝。

余情悦其淑美兮，心振荡而不怡。无良媒以接欢兮，托微波而通辞。愿诚素之先达兮，解玉佩以要之。嗟佳人之信修，羌习礼而明诗。抗琼珶以和予兮，指潜渊而为期。执眷眷之款实兮，惧斯灵之我欺。感交甫之弃言兮，怅犹豫而狐疑。收和颜而静志兮，申礼防以自持。

于是洛灵感焉，徙倚彷徨。神光离合，乍阴乍阳。竦轻躯以鹤立，若将飞而未翔。践椒涂之郁烈，步蘅薄而流芳。超长吟以永慕兮，声哀厉而弥长。尔乃众灵杂遝，命俦啸侣。或戏清流，或翔神渚。或采明珠，或拾翠羽。从南湘之二妃，携汉滨之游女。叹匏瓜之无匹兮，咏牵牛之独处。扬轻袿之猗靡兮，翳修袖以延伫。体迅飞凫，飘忽若神。陵波微步，罗袜生尘。动无常则，若危若安。进止难期，若往若还。转眄流精，光润玉颜。含辞未吐，气若幽兰。华容婀娜，令我忘餐。"

读过点中国古代文学的人都知道，这段文字，出自三国著名才子曹植《洛神赋》，赋中所描写的那个美丽绝伦的女子，便是曹植的长嫂甄皇后。

甄宓九岁那年，便喜欢用兄长们的文房四宝来写作文章，并立志要做一个贤女。她生性善良，十四岁那年，甄宓的同父异母的哥哥去世，寡嫂便独自照顾幼子，日夜操劳。甄宓的母亲生性严苛，十分厉害，对寡嫂更是求全责备。甄宓看在眼里，便屡次劝母亲道："哥哥不幸英年早逝，如今嫂嫂年少守节，照顾侄儿，母亲应该对她像亲生女儿一样啊。"母亲听了甄宓的话，十分感动，从此与儿媳和睦共处。

甄宓到了及笄之年顺理成章地嫁给了袁绍的次子袁熙，但这段婚姻并不长久，随着发生在袁绍与曹操之间最大的一场战役——官渡之战的到来，甄宓的命运很快发生了变化。

史书《三国志》是这样描写甄宓的命运的："（袁）熙出在幽州，后（甄宓）留侍姑。及邺城破，绍妻及后共坐皇堂上。文帝（曹丕）入（袁）绍舍，见绍妻及后，后怖，以头伏姑膝上，绍妻两手自搏。文帝谓曰：'刘夫人云何如此？令新妇举头！'姑乃捧后令仰，文帝就视，见其颜色非凡，称叹之。太祖闻其意，遂为迎取。"

就这样，甄宓一夜之间变成了曹丕的妻子。在之后南征北战的岁月中，曹丕一直对甄宓宠爱有加，夫妻感情十分融洽。

直到公元 220 年，曹丕即位魏文帝，宠爱郭女王，并准备将其立为皇后。此时，甄宓已经三十七岁，再美丽的女子也经不起岁月年华的流逝，终于迎来年老色衰的那一天。所谓"以色事人者，色衰而爱弛"，何况甄宓嫁与了世间最不可能专情的帝王家？她不可避免地迎来了失宠的命运。

这首《塘上行》便写于甄宓失宠时，细读此诗，读者会为诗中妻子对丈夫浓烈的思念之情而感动。"念君去我时，独愁常苦悲。想见君颜色，感结伤心脾。念君常苦悲，夜夜不能寐。"只有心怀真情、真爱的女子，才能将这种相思写得如此刻骨铭心，从"常苦悲"、"伤心脾"、"不能寐"三句，读者仿佛可以看到，在一盏孤灯下，甄宓度过的无数个长夜无眠的日子，或许，遥远的宫苑里，还传来曹丕与郭氏女子饮酒欢乐的声音，而红颜迟暮的甄宓，却只能以泪洗面，自伤不已。

"莫以豪贤故，弃捐素所爱？莫以鱼肉贱，弃捐葱与薤？莫以麻枲贱，弃捐菅与蒯？"，这三句，更是对薄幸夫君直接的指责与不满。然而，所谓"贵易妻富易交"原本就是世间所有薄幸男人的通病，富贵如曹丕者，又怎么会将当年的糟糠之妻放在眼中呢？

古人云："诗言志"。甄宓在诗中展现的命运的冷酷无情，也预示着她今后的命运多舛。很快，甄宓遭到了郭女王、李贵人、阴贵人等人的谗言构陷，惹得曹丕大怒，更有人指出甄宓以《塘上行》一诗怨怼君上，心怀不满，最终触怒曹丕，曹丕于公元 221 年赐甄宓自尽，翌年立郭氏为皇后。

三十八岁的甄宓用一首相思曲，并没有迎来君王的再度宠爱，反而等来一纸死令，甚至是死后对尸身"以发覆面、以糠塞口"的肆意侮辱与凌虐。

而后人除了感慨"自古红颜多薄命"，还能说些什么呢？

绿珠（西晋）／《懊侬曲》

丝布涩难缝，令侬十指穿。

黄牛细犊车，游戏出孟津。

绿珠，本姓梁，越地美女，西晋巨富石崇为交趾采访使时，惊艳于此女美貌，以珍珠十斛得之，起名为绿珠。

从此，绿珠便成为了石崇的宠妃。

绿珠擅长吹笛，又能歌善舞，曾自制新歌《明君》以歌咏王昭君，歌中咏叹道："我本良家女，将适单于庭。辞别未及终，前驱已抗旌。仆御涕流离，猿马悲且鸣。哀郁伤五内，涕位沾珠缨。行行日已远，遂造匈奴城。延我于穹庐，加我阏氏名。殊类非所安，虽贵非所荣。父子见凌辱，对之惭且惊。杀身良不易，默默以苟生。苟生亦何聊，积思常愤盈。愿假飞鸿翼，乘之以遐征。飞鸿不我顾，伫立以屏营。昔为匣中玉，今为粪土尘。朝华不足欢，甘与秋草屏。传语后世人，远嫁难为情。"

有此等才情，难怪石崇于众多姬妾中格外爱惜绿珠。

石崇有别业名金谷园，位于河南金谷涧，这里"清泉茂树，众果竹柏，药草蔽翳"，景色十分优美。为了慰藉绿珠的思乡之情，石崇在园内修筑了百丈高的崇绮楼，登上此楼便可"极目南天"，让绿珠远眺家乡。当时，石崇和著名的文士左思、潘岳等人结成"金谷二十四友",在金谷园中结社吟诗,每次宴会,石崇都会让绿珠出来歌舞侑酒,见者惊为天人。绿珠的美名就这样流传了出去。

然而,行事高调的石崇,很快就为自己迎来的祸端。对此,《晋史》中是这样记载的:"崇有妓曰绿珠,美而艳,善吹笛。孙秀使人求之,崇勃然曰:'绿珠吾所爱,不可得也!'秀怒,矫诏收崇。崇正宴于楼上,介士到门,崇谓绿珠曰:'我今为尔得罪!'绿珠泣曰:'当效死于君前。'因自投于楼下而死。"

石崇为绿珠而死,绿珠也以死相报,这样一对悲情儿女,历代以来便赚得无数人的眼泪与感慨。后人凭吊绿珠的诗篇多不胜数,如白居易的《洛中春感》:"莫悲金谷园中月,莫叹天津桥上春;若学多情寻往事,人间何处不伤神。"最著名的莫过于杜牧的《金谷园》:"繁华事散逐香尘,流水无情草自春。日暮东风怨啼鸟,落花犹似坠楼人!"

唯有《红楼梦》中的林黛玉在《五美吟》发出不同的感慨,悲悼绿珠"可欣、可羡、可悲、可叹",她这样写道:"瓦砾明珠一例抛,何曾石尉重娇娆?都缘顽福前生造,更有同归慰寂寥。"

人人都道石崇爱重绿珠,故宁可身死也不愿牺牲自己的爱姬。但黛玉却认为,石崇何曾看重绿珠呢?不过是把她当成金谷园中的瓦砾、明珠一般一股脑地抛弃,相反,绿珠却以生命相许,默默陪伴着死后的石崇。正是绿珠这一跳,反而成全了石崇在中国古代爱情史上的地位。

黛玉与绿珠一样,都是宁为玉碎不为瓦全的女子,故而有此感叹。对于绿珠,后人在凭吊金谷园时只是敬重她的气节,却无法洞悉她身在其中的情怀,唯有一曲《懊侬曲》,或可洞悉这个烈性女子的内心世界。

《懊侬曲》是为思乡而作,深处金谷园中的绿珠,一方面怀念家乡,一方面难舍石崇，内心矛盾重重，有苦无处倾诉，虽有崇绮楼可以远眺，却无处可排遣这浓烈的思乡之情，故而她吟唱道："丝布涩难缝，令侬十指穿。黄牛细犊车，游戏出孟津。"曲名懊侬，诗句中更流露出丝丝怨艾，是埋怨石崇将自己视作宠物，使自己远离家乡？还是埋怨石崇太过招摇，使自己名声在外，终将引来杀身之祸？后人不得而知。唯一可知的是，当年石崇为慰藉绿珠思乡而造的崇绮楼，却最终成为了绿珠的葬身之所，将一代风流，默默掩埋。

左芬（西晋）／《离思赋》

生蓬户之侧陋兮，不闲习于文符。不见图画之妙像兮，不闻先哲之典
谟。既愚陋而寡识兮，谬忝厕于紫庐。非草苗之所处兮，恒怵惕以忧惧。
怀思慕之切怛兮，兼始终之万虑。嗟隐忧之沈积兮，独郁结而靡诉。意惨
愦而无聊兮，思缠绵以增慕。夜耿耿而不寐兮，魂憧憧而至曙。

风骚骚而四起兮，霜皑皑而依庭。日晻暧而无光兮，气懰栗以冽清。
怀愁戚之多感兮，患涕泪之自零。昔伯瑜之婉娈兮，每彩衣以娱亲。悼今
日之乖隔兮，奄与家为参辰。岂相去之云远兮，曾不盈乎数寻。何宫禁之
清切兮，欲瞻睹而莫因。仰行云以欷兮，涕流射而沾巾。

惟屈原之哀感兮，嗟悲伤于离别。彼城阙之作诗兮，亦以日而喻月。
况骨肉之相于兮，永缅邈而两绝。长含哀而抱戚兮，仰苍天而泣血。

乱曰：骨肉至亲，化为他人，永长辞兮。惨怆愁悲，梦想魂归，见所
思兮。惊寤号啕，心不自聊，泣涟洏兮。援笔舒情，涕泪增零，诉斯
诗兮。

貌美如花的女人，倘若才华出众，腹有诗书，往往便是锦上添花，堪称
才貌双全的绝代佳人；而貌丑的女人，即便才华横溢，也无法弥补其相貌上
的缺陷，每每揽镜自视，那丑陋的容颜总是触目惊心，即便腹有诗书，那才

情也显得黯然——这就是女性的悲哀。

左芬便是这样一个貌陋而有才的女子，她的哥哥便是西晋时期著名的文人左思，兄妹俩有着同样的缺点：相貌丑陋。

不过，中国古代向来讲究"郎才女貌"，男人相貌丑陋，还可以用后天的学识和才华来弥补；女人貌丑，便先天注定了是一件瑕疵品，哪怕再怎么努力，也无人问津。

左思文才出众，在当时极富名气，他的一篇《三都赋》甚至在当时引发了"洛阳纸贵"的效应，这样一来，顺带着连妹妹左芬也名声大噪起来，不过，那些达官贵族之家早就听说过左芬貌若无盐，因此即便她名动京城，也没人前来求亲。左芬待字闺中，也不知道自己的命运将飘向何方。

最终，还是有一个人为左芬的才华之名所打动，决定迎娶她。此人不是别人，正是西晋的开国皇帝司马炎。坐拥后宫佳丽三千的皇帝怎么会看上一个相貌丑陋的女人呢？难道这司马炎视才情胜过容貌？

翻翻《晋书》，司马炎绝对称得上是一个好色淫逸之徒，他的后宫佳丽数以万计，连他自己也不知道每天晚上该临幸谁。只好坐着羊车满宫溜达，羊车停在哪个宫中，他就在哪里过夜。他将左芬纳入宫中，绝不是要将其当作宠妃好好疼爱一番，而是为了她"女诗人"的身份。就好比富贵之家往往招揽清客以显示其诗书礼仪之家一样，司马炎将丑女左芬纳入宫中，是为了博得惜才的美名，身边有这么一个才华横溢的女子，连皇帝本人的品位也跟着提升了。

就这样，左芬进宫了，成为了司马炎的左贵嫔，她还没有来得及体会婚姻带给她的任何欣喜与愉悦，便很快过起了"姿陋无宠，以才德见礼。体羸多患，常居薄室"的寂寞生活，连皇帝的面都很难见上，何谈爱情与宠幸？

对于司马炎来说，左芬不过是他的一个文学道具，她身处宫中，与那些藏在深宫库房里的古董花瓶或者名人字画一样，只不过是皇帝的一幅摆设。

但左芬毕竟不是摆设，她有血有肉，有自己的情感与思想，在宫中，她也有自己必须完成的一大堆任务，那就是应诏之文，也就是司马炎给的命题作文，这样说来，左芬更像司马炎的一个御用文人，只不过这个御用文人的角色，只由女人来充当，比起历代的皇帝，司马炎这一招显然风流蕴藉多了。

《晋书》中记载，司马非常满意于左芬吟诗作赋的才华，"帝重芬辞藻，每有方物异宝，必诏为赋颂"，"言及文义，辞对清华，左右侍听，莫不称美"，可见左芬的文才名不虚传。而这篇《离思赋》，便是左芬所作命题作文中最具代表性的一篇。

尽管是命题作文，但左芬却在《离思赋》中尽情地宣泄了自己的痛苦和哀愁：她不曾埋怨皇帝没有宠幸自己，也不以失宠为念，而是表达自己思念家中亲人的种种痛苦——"夜耿耿而不寐兮，魂憧憧而至曙"、"怀愁戚之多感兮，患涕泪之自零"、"何宫禁之清切兮，欲瞻睹而莫因"、"况骨肉之相于兮，永缅邈而两绝"，字里行间充满着对亲人的思念。贾元春曾说，一进宫，便是到了"不得见人的去处"，贾元春尚有机会回家省亲，对于左芬来说，一入深宫，便相当于和自己的亲人永别了。

钱锺书曾评论《离思赋》道："宫怨诗赋多写待临望幸之怀，如司马相如《长门赋》、唐玄宗江妃《楼东赋》等，其尤著者。左芬不以侍至尊为荣，而以隔'至亲'为恨，可谓有志。"这或许就是左芬与历代宫廷女子的区别之所在吧。

左芬还有一首《啄木诗》写道："南山有鸟，自名啄木。饥则啄木，暮则宿巢。无干于人，唯志所欲。此盖自卑，性清者荣，性浊者辱。"这大概就是左芬晚年在宫中所度过的那种淡泊自守、无欲无求的生活的真实写照吧。或许，对于一个宫廷女子来说，貌丑也算是一种幸运——远离忌妒与被人算计。

谢道韫（东晋）／《泰山咏》

峨峨东岳高，秀极冲青天。

岩中间虚宇，寂寞幽以玄。

非工复非匠，云构发自然。

气象尔何然？遂令我屡迁。

逝将宅斯宇，可以尽天年。

提起谢道韫，没有人不会想起《世说新语》中那个脍炙人口的典故：

谢太傅（谢玄）寒雪日内集，与儿女讲论文义。俄尔雪骤，公欣然曰："白雪纷纷何所似?"兄子胡儿（谢玄次兄的儿子谢朗的小名）曰："撒盐空中差可拟。"兄女（谢玄长兄谢无奕的女儿谢道韫）曰："未若柳絮因风起。"公大笑乐。

一句"未若柳絮因风起"，为谢道韫博得了才女的美名，后人便将在诗文创作方面卓有才华的女子赞誉为"咏絮之才"。《红楼梦》中的"堪怜咏絮才"指的就是才华横溢的女子林黛玉。

殊不知，谢道韫并非一般的才女，而是一个具有男儿心气与魏晋名士风度的女中豪杰。在当时，能够与谢道韫相提并论的只有同郡的张彤云，张彤云虽出身名门，与谢道韫一样嫁给了江南四大世家的公子，但无论是才情和气度都远不及谢道韫。不过，对于这一点，张彤云和他的哥哥张玄都很不服气，有一次，谢道韫与张彤云让一个叫济尼的人来评判二人高下，济尼说道："王夫人（谢道韫）神清散朗，故有林下风气；顾家妇（张彤云）清心玉映，自有闺房之秀。"言下之意便是谢道韫行事潇洒不羁，颇类男子，个性气质接近于"竹林七贤"，有魏晋名士遗风；而张彤云不过是妇女中的优秀者，哪能与谢道韫相提并论呢？

从此，后人便用"林下之风"来形容富有男儿气概、形式潇洒不羁的女子。《红楼梦》中的史湘云，便颇具谢道韫的"林下之风"。

《晋书》中曾经用大量的笔墨来称赞谢道韫的"林下之风"："夫繁霜降节，彰劲心于后凋；横流在辰，表贞期于上德，匪伊尹子，抑亦妇人焉。自晋政陵夷，罕树风检，亏闲爽操，相趋成俗，荐之以刘石，汩之以苻姚。三月歌胡，唯见争新之饰；一朝辞汉，曾微恋旧之情。驰骛风埃，脱落名教，颓纵忘反，于兹为极。至若惠风之数乔属，道韫之对孙恩，荀女释急于重围，张妻报怨于强寇，僭登之后，蹈死不回，伪篡之妃，捐生匪吝，宗辛抗情而致夭，王靳守节而就终，斯皆冥践义途，匪因教至。耸清汉之乔叶，有裕徽音；振幽谷之贞蕤，无惭雅引，比夫悬梁靡顾，齿剑如归，异日齐风，可以激扬千载矣。"

谢道韫的这种"咏絮之才"与"林下之风"体现在诗歌中，便以这篇《泰山咏》为代表作。

泰山巍峨，居五岳之首，咏泰山之诗，向来以杜甫的《望岳》最为有名。不过谢道韫笔下的这篇《咏泰山》，大气磅礴似有男儿之风。"峨峨东岳高，秀极冲青天"，一个"冲"字，便将泰山直冲云天的气势刻画得栩栩如生。后四句描绘泰山的美丽景色，极力展现造化之美，读者似乎可以看出杜甫"造化钟神秀"一句之来历。末四句更具有魏晋诗歌"冲净"、"狂然"之美，在这里，作者将自身置于广袤渺远的山水间，有一种忘却自我、乐享天地之美，更渴望将自己有限的生命融入无限的美景之中。

这就是谢道韫的"林下之风"，它脱离了闺阁脂粉气，显得高旷渺远，更有一种巾帼不让须眉之感，让人想起谢道韫多年前大笔挥洒、气度非凡的神情。

谢道韫一生最敬重嵇康，她有一首《拟嵇中散咏松诗》，同样也是这种"林下之风"的最佳解读："遥望山上松，隆冬不能凋。愿想游下憩，瞻彼万仞条。腾跃未能升，顿足俟王乔。时哉不我与，大运所飘飘。"

由于出身名门，在门阀制度森严的东晋时期，谢道韫择婿的要求当然也是名门。叔父谢玄为了让当时的王、谢两大家族联姻，便在王羲之的儿子当中为谢道韫物色女婿。据说，他最先看中的是王徽之，后来听说此人不拘小节，遂改变了初衷，将谢道韫许配给了王凝之。

王凝之身为一代书圣之子，其文学、书法造诣奇高，而且，他秉性忠厚，堪为谢道韫的佳配。由于当时王羲之正在会稽任职，谢道韫便随夫家一起来到会稽这个远离战火、风水绝佳的江南城市，在这里度过了十分快乐的生活。

一代才女谢道韫，却在最危难的时刻将她性格中的"林下之风"再度表现出来。据《晋书》介绍，王凝之在担任会稽内史之时，曾遭遇了"孙恩之乱"。大敌当前，是谢道韫按照叔父谢玄"但尽人事，各凭天命"的一贯做法，亲自招募了数百家丁加以训练，组成一支突击队伍直面敌军。

王凝之在仓皇出逃中为敌所杀，谢道韫却镇定自若，横刀在手，带领家丁突围而出，那种勇气与胆略，是世间诸多男儿根本不敢企及的。

也就是从那时起，谢道韫寡居会稽，以诗书为伴，从容淡定、波澜不惊地面对自己的后半生。

鲍令晖（南朝·宋）／《自君之出矣》

自君之出矣，临轩不解颜。

砧杵夜不发，高门昼常关。

帐中流熠耀，庭前华紫兰。

物枯识节异，鸿来知客寒。

游用暮冬尽，除春待君还。

鲍令晖是古代历史上知名度较低的一个才女，史书上关于她的生平记载平常少，究其原因，乃是在那个"上品无寒门，下品无世族"的时代，她是一个出身贫寒士族家族的女子。

如果不是因为她有一位被称之为"俊逸鲍参军"的诗人兄长鲍照，人们对她的了解或许还会更少。

据鲍照所述，"臣北州衰沦，身地孤贱"，意思是出身贫贱，家中微寒，不仅没有地位，而且人丁稀少，茫茫人海中鲍照只有和自己的胞妹相依为命，朝夕相伴，这种深切的手足之情，不仅造就了著名的《登大雷岸与妹书》，也成就了鲍令晖的名篇——《自君之出矣》。

在《登大雷岸与妹书》书，鲍照这样倾诉兄妹之情：

"吾自发寒雨，全行日少，加秋潦浩汗，山溪猥至，渡泝无边，险径游历，栈石星饭，结荷水宿，旅客贫辛，波路壮阔，始以今日食时，仅及大雷。涂登千里，日逾十晨，严霜惨节，悲风断肌，去亲为客，如何如何！

　　向因涉顿，凭观川陆；遨神清渚，流睇方曛；东顾五州之隔，西眺九派之分；窥地门之绝景，望天际之孤云。长图大念，隐心者久矣！南则积山万状，负气争高，含霞饮景，参差代雄，凌跨长陇，前后相属，带天有匝，横地无穷。东则砥原远隰，亡端靡际。寒蓬夕卷，古树云平。旋风四起，思鸟群归。静听无闻，极视不见。北则陂池潜演，湖脉通连。苎蒿攸积，菰芦所繁。栖波之鸟，水化之虫，智吞愚，彊捕小，号噪惊聒，纷乎其中，西则回江永指，长波天合。滔滔何穷，漫漫安竭！创古迄今，舳舻相接。思尽波涛，悲满潭壑。烟归八表，终为野尘。而是注集，长写不测，修灵浩荡，知其何故哉！西南望庐山，又特惊异。基压江潮，峰与辰汉相接。上常积云霞，雕锦缛。若华夕曜，岩泽气通，传明散彩，赫似绛天。左右青霭，表里紫霄。从岭而上，气尽金光；半山以下，纯为黛色。信可以神居帝郊，镇控湘、汉者也。若潨洞所积，溪壑所射，鼓怒之所豗击，涌澓之所宕涤，则上穷荻浦，下至狶洲；南薄燕(派字右半部分)，北极雷淀，削长埤短，可数百里。其中腾波触天，高浪灌日，吞吐百川，写泄万壑。轻烟不流，华鼎振涾。弱草朱靡，洪涟陇蹙。散涣长惊，电透箭疾。穷溢崩聚，坻飞岭复。回沫冠山，奔涛空谷。磶石为之摧碎，碕岸为之落。仰视大火，俯听波声、愁魄胁息，心惊慓矣！至于繁化殊育，诡质怪章，则有江鹅、海鸭、鱼鲛、水虎之类，豚首、象鼻、芒须，针尾之族，石蟹、土蚌、燕箕、雀蛤之俦，折甲、曲牙、逆鳞、返舌之属。掩沙涨，被草渚，浴雨排风，吹涝弄翮。夕景欲沈，晓雾将合，孤鹤寒啸，游鸿远吟，樵苏一叹，舟子再泣。诚足悲忧，不可说也。

风吹雷飙，夜戒前路。下弦内外，望达所届。寒暑难适，汝专自慎，夙夜戒护，勿我为念。恐欲知之，聊书所睹。临涂草蹙，辞意不周。"

在那个兵荒马乱的南北朝时代，一封家书，足可以抵万金。更何况，鲍照在书中字字叮咛，字字嘱咐，浓厚的抒情意味扩散开来，怎不让收信人感慨万千、心中牵挂？所幸者，鲍令晖颇有才情，更用一首《自君之出矣》传达心意：

自君之出矣，临轩不解颜。
砧杵夜不发，高门昼常关。

意思是自从哥哥离家之后，我便再也没有过欢畅的时候。只能闷闷地坐在窗前，望着哥哥离家的路，皱起了眉头。我夜晚不敢启动砧杵，因为一旦使用砧杵，就会勾起思念，只好早早闭上大门睡觉。

帐中流熠耀，庭前华紫兰。
物枯识节异，鸿来知客寒。
游用暮冬尽，除春待君还。

意思是自从哥哥离开后，我便以帐中流萤作伴，以庭中紫兰为友。眼睁睁看着草木的荣枯，计算着时序的变化，估计着哥哥的行期。更从哥哥的来信中，感知远行者的不易。只盼望寒冬一过，春暖花开时，哥哥能回到我的身边。

这番深情，如果不是早已知晓此诗的背景，后人定会将其看作是写给情郎的诗歌，如果不是在长久的贫贱生活中形成的深厚的兄妹之情，鲍令晖或许很难将此诗写得如此生动感人。

遗憾的是，鲍照并没有立即回家省亲，鲍令晖"除春待君还"的期盼落空了。在日日等待亲人的愁闷中，她又提笔写了一首《示行人》：

桂吐两三枝，兰开四五叶。
是时君不归，春风徒笑妾。

秋去春来，连兰花都开放了，春暖花开中的女子却等不到自己的亲人，那如期而至的春风，恐怕也在嘲笑自己痴痴等待吧。

诗虽短小，却极富匠心，想来兄妹情深的鲍照读过，当另有一番感慨。这些表达兄妹情深的诗歌，不仅占据了鲍令晖诗歌的大部分内容，也成为鲍照诗歌中的一大主题，后人读来，总是唏嘘不已。

可惜，鲍令晖命薄，还没有等待出嫁的那一天，便已红颜仙逝，鲍照得知噩耗，悲痛不已，写下了《伤逝赋》以怀念胞妹：

"志存业而遗绩，身先物而长辞。岂重欢而可觌，追前感之无期。寒往暑来而不穷，哀极乐反而有终。燧已迁而礼革，月既逾而庆通。心微微而就远，迹离离而绝容。白日霭而回阴，闺馆寂而深重。冀凭灵于前物，伫美目乎房栊。徒望思以永久，邀归来其何从？结单心于暮条，掩行泪于晨风。念沉悼而谁剧？独婴哀于逝躬。草忌霜而遍秋，人恶老而逼衰。诚耄之可忌，或甘愿而志违。彼一息之短景，乃累恨之长晖。寻平生之好丑，成黄尘之是非。将灭邪而尚在，何有去而无归？惟桃李之零落，生有促而非夭。观龟鹄之千祀，年能富而情少。反灵质于二途，乱感悦于双抱。日月飘而不留，命倏忽而谁保？譬明隙之在梁，如风露之停草。发迎忧而送华，貌先悴而收藻。共甘苦其几人？曾无得而偕老。拂埃琴而抽思，启陈书而退讨。自古来而有之，夫何怨乎天道。"

更让人没想到的是，多才的哥哥也同样面临薄命之运，年仅二十六岁便死于宫廷斗争之中，而关于他们的兄妹情意，后人也只有在那些流传于世的诗歌中寻觅了。

乐昌公主（南朝·陈）／《饯别自解诗》

今日何迁次，新官对旧官。

笑啼俱不敢，方信作人难。

乐昌公主的《饯别自解诗》或许无人知晓，但倘若提起破镜重圆的典故，却人人都能道出一二。

一切源于南朝陈末那个动荡不安的时代。

作为陈宣帝之女，南朝后主陈叔宝之妹，她是名副其实的金枝玉叶，不过，陈叔宝虽然骄奢淫逸，乐昌公主却以性情温婉贤淑而为众人称道，何况，她长相秀美，才华出众，宫中人人都在猜测，这么美丽的女子，要选一位怎样优秀的驸马才能配得上她呢？

对于婚姻大事，乐昌公主有自己的眼光，她不恋侯门贵族，独重诗文才识，因此自己做主下嫁江南才子徐德言（陈太子舍人），徐德言才华横溢，婚后果然夫妻恩爱，夫唱妇随，成为一对人人羡慕的佳偶。

有道是"恩爱夫妻不到冬"，这对相亲相爱的男女很快就被一场突如其来的灾难拆散了。南朝末年，后来的隋文帝杨坚统一了北方，并举兵攻破江南，消灭了陈国，将陈国皇族全部押解往北方。乐昌公主作为陈后主的亲妹妹，自然逃脱不了被掳的命运。她不得不与夫君分开，临行前，乐昌公主将一面铜镜摔成两半，一半留给夫君，一半自己收在怀中，夫妇二人约定：每年的正月十五日，便在长安街市上沿街叫卖铜镜，以求夫妻破镜重圆。

为了不负与妻子的约定，徐德言忍辱负重活了下来，而乐昌公主到北地后便被赐给丞相杨素做妾，夫妇二人天各一方，无法想象未来的命运会是什么样子。

所幸的是，乐昌公主所嫁的杨素是一位英雄，而且是一位颇有文采的英雄，他对于这位来自江南的陈国女子非常钟爱。然而乐昌公主虽身在丞相府，却心恋故人，常常愁眉不展，泪眼蒙眬，杨素也不知道究竟是什么原因。

转眼到了正月十五元宵节了，乐昌公主没有忘记与夫君的约定，私下命自己的一位心腹女仆拿着半面铜镜沿街叫卖，然而，接连两个元宵过去了，那另一半铜镜始终不见身影。是夫君早已忘了自己，另娶他人了吗？还是他早已不在人间？乐昌公主这样想着，眼泪便不由自主地落了下来。

一直到第三个元宵，女仆才传来了好消息，那另一半铜镜出现了，卖铜镜的是一个年轻书生。女仆不仅带来了那另一半铜镜，还带来一首诗歌：

镜与人俱去，镜归人不归；
无复嫦娥影，空留明月辉。

如此熟悉的字迹和口吻，分明就是自己日思夜想的那个人啊。乐昌公主将两半铜镜拿出来一拼，果然丝毫不差地契合在一起，如同两个恩爱中人的心意，严丝合缝。

接下来的问题是：如何逃出这丞相府，与夫君团聚呢？乐昌公主思来想去，觉得没有什么好的办法，不如将事情告诉杨素，以求用真情打动这位英雄，让他成全自己。

就这样，乐昌公主将事情的真相一五一十地告诉了杨素，并提出希望与徐德言见上一面。杨素听后，沉默良久，心中虽有醋意，但也为这一对苦命鸳鸯的真情所打动，最终同意他们见上一面。

这一天，丞相府中摆下了丰盛的筵席，邀请徐德言赴宴。徐德言来到府中，接待他的却是威严的当朝丞相杨素，而自己的妻子乐昌公主却打扮得像一个侍妾站在一旁，此情此景，当事人都觉得十分尴尬。乐昌公主望着布衣芒鞋的丈夫与丞相杨素寒暄行礼，心中不知道说什么才好，整个宴会中，她都没有说话，而是默默地写下了一首诗：

今日何迁次，新官对旧官；
笑啼俱不敢，方信作人难。

的确，对于乐昌公主来说，在座的一是旧夫，一是新夫，这让她觉得哭笑不得，左右为难，本想与旧夫团聚之时痛哭一场，却碍于新夫坐在一旁，那种苦涩与尴尬，在诗中展现得淋漓尽致。这场宴会也就这样不欢而散了。

临行前，徐德言对昔日的妻子说了这样一段话，正是这一段话打动了杨素，最终忍痛割爱，成全了这一对恩爱夫妻——"再见卿面，心愿已足，今生誓不再娶，回到江南以后，我将遁入佛门，青灯古佛了此一生。"

或许正是应了那句"惺惺惜惺惺"吧，杨素终于为这个破镜重圆的故事所打动，心甘情愿地成全了这一对苦命的夫妻。当徐德言谢绝杨素的好意拒绝在朝为官，一身布衣带着曾经贵为金枝玉叶的妻子远下江南时，他们的爱情便注定了要在这个世间千古传颂。

武则天（唐）／《如意娘》

看朱成碧思纷纷，憔悴支离为忆君。

不信比来长下泪，开箱验取石榴裙。

20 世纪 90 年代有一部电视剧，名为《一代女皇》，其主题曲便化用了《如意娘》的诗句作为歌词。

在那部让很多 80 后记忆犹新的电视剧里，武媚娘从一个天真无邪、心地善良的小女孩成长为治国平天下、运筹帷幄的一代女皇，其中的悲欢离合、苦涩艰辛，或许只有身处其间的自己才能知晓。

让人惊喜的是，潘迎紫在那部剧中将少女武媚娘的形象演绎得活灵活现，以至于当很多人看到历史书上那幅武则天的画像时，很难与影视剧中妩媚动人的女中豪杰联系在一起。

然而，在历代史书中，或许是出自于红颜祸水的偏见，武则天被描绘成一个工于心计、心狠手辣的女人，为了争夺宠幸，不惜将自己的亲生女儿掐死在襁褓之中，至于她从十四岁便进宫后的种种少女情怀，史书中难觅踪迹。

反倒是这首《如意娘》的诗中，我们或许可以窥见少女武媚娘的内心世界。

《如意娘》写于武媚娘在感业寺出家期间。武媚娘十四岁入宫，因长相秀美、心思灵巧而深得唐太宗的喜爱，故而赐名为"媚娘"。然而，当时的唐太宗李世民已入人生的暮年，三征高丽的失败又为他的生命增添了种种的不快与灰暗。身处其间的武媚娘，或许也能感受到李世民心情的黯淡与颓废，一次偶然的机会，她与九皇子李治相遇了。

爱情就这样自然而然地产生了，尽管冒着乱伦的罪名，尽管他早已另娶王妃，尽管她从名分上还是他的庶母，但这些都束缚不了两颗向往自由、纯真爱情的心。他们在大明宫的深处度过了一段快乐的时光，那种一见倾心的美好，那种"一日不见，如隔三秋"的思念，或许是武媚娘第一次尝到的爱情的滋味。

然而好景不长，随着李世民的去世，武媚娘作为未亡人被毫不留情地赶出大明宫，等待她的是"孤卧青灯古佛旁"的命运，在感业寺，她一待就是四年。

这四年是武媚娘一生中最漫长、最痛苦的日子，同时也是最刻骨铭心的日子。貌美如花的"武才人"被削去了头发，袭一身缁衣，双手合十立在佛前。她曾经长时间地凝视感业寺中的佛像，那目光中有自怜，有不甘，有思恋，也有等待。然而，她等待的那个人，却迟迟没有到来。

"山僧不解数甲子，一叶落知天下秋"，寺中的岁月枯燥而乏味，心高气傲的媚娘无论如何也参不透那佛经中的深意，她只是一遍又一遍地问自己：难道此生真的要付与这青灯古佛、断井颓垣，任凭大千世界无比美好，也无法涉足了吗？

就是在这样的心境里，武媚娘提笔写下了那两句诗："看朱成碧思纷纷，憔悴支离为忆君。"一句"看朱成碧"，其中却含有层层深意，或许只有皇宫里那个刚刚登基的年轻君主，才能参透其中的重重深意：在这深山古寺之中，还有一个痴情的女子，因为思念过度，以致魂不守舍，恍惚迷离中竟将红色看成了绿色，此其一；山中岁月蹉跎，春光容易流逝，转眼间便是花红褪尽，枝头只剩下绿叶，可是寺中女子等待的情郎，却远在他乡，不能相见，此其二；回想昔日皇宫中欢聚之时，有多少欢喜悲辛，如今只剩我一人独处，只怕那曾经美好的容颜，也如这山间的浪漫春花一样，转瞬之间便会凋零吧，此其三。

担心李治无法体会自己的相思之苦，武媚娘又加上了两句："不信比来长下泪，开箱验取石榴裙。"如果你不相信我近来因思念你而流泪，那么就请打开箱子看看我石榴裙上的斑斑泪痕吧！这两句更是将全诗的相思之苦推向了一个高潮。读诗之人会立刻在眼前浮现出一个容貌俊俏的小尼姑，泪眼蒙眬，长夜独泣，连庭院中的鸟儿，都不忍听到她悲哀的声音。

这首诗是否寄到了李治手中已经无处可考究了，让人欣慰的是，李治却在一个寻常的日子光顾了感业寺，并邂逅了日日期盼君恩的武媚娘。这一次的相见终于使李治回想起当年的款款深情，并于不久后将武媚娘迎回了宫中。

正是这一举措，为中国历史增添了浓墨重彩的一笔，为中国古代封建王朝增添了唯一的一位妩媚多姿、才华横溢的女皇。

而正是这位女皇，开创了政通人和、国力强盛的武周时代，也正是这位女皇，她有勇气在自己的墓地前竖上一块无字碑，是非功过，任人评说。

武则天在称帝后还有一首《腊日宣诏幸上苑》的诗词："明朝游上苑，火急报春知。花须连夜发，莫待晓风吹。"这种命令式的口吻，出自一代女皇之口，此时此刻，她已经成为那个万人之上的武曌，再也不是当年感业寺中苦等心爱之人的少女武媚娘了。

上官婉儿（唐）／《彩书怨》

叶下洞庭初，思君万里馀。露浓香被冷，月落锦屏虚。

欲奏江南曲，贪封蓟北书。书中无别意，惟怅久离居。

她是唐宫里最复杂的女子，也是最让人难以理解的女子，求全责备者谓其毫无政治气节，心地宽宏者悲悯其坎坷身世，更有惜才者叹其空富才华，却落得被杀的境地。

但无论是谁也无法否定，她是一个不可多得的才女。

年少时，她便因祖父上官仪获罪被杀后随母郑氏配入内庭为婢，直到有一天，她被武则天慧眼发现，从此平步青云。十四岁的上官婉儿，尽管混迹于掖庭的卑微奴婢中，也难掩其才情，她通晓诗书，文不加点，从一开始就不是一个平凡的女子。

武则天或许从其身上看到了年少时的自己，因此将上官婉儿留在身边，哪怕她有朝一日犯下忤逆大罪，也不忍杀害，而是继续将其留在身边。在大唐的宫苑中，上官婉儿是一株凌寒独自开的红梅，虽然曾经欺霜傲雪，却最终摆脱不了早夭的命运。

就这样，上官婉儿凭着自己的智慧和运气平步青云，活跃在盛唐的政治中心。

曾有人这样称赞上官婉儿："敏识聆听，探微镜理，开卷海纳，宛若前闻，摇笔云飞，成同宿构，古者有女史记功书过，复有女尚书决事言阃，昭容两朝兼美，一日万机，顾问不遗，应接如意，虽汉称班媛，晋誉左嫔，文章之道不殊，辅佐之功则异……独使温柔之教，渐于生人，风雅之声，流於来叶。非夫玄黄毓粹，贞明助思，众妙扶识，群灵挟志，诞异人之资，授兴王之瑞，其孰能臻斯懿乎？"

意思是此女才华横溢，专秉内政，代朝廷品评天下诗文，竟可以"称量天下士"，不是男儿却胜过男儿。

我很想去品读上官婉儿的少女情怀，但史书中记载并不多，唯有在她存世不多的诗句中，或许可以窥见一二。再雄心壮志的女子，长年幽居于深宫之中，也会有寂寞的感慨，无聊的喟叹，这一切，在她的《彩书怨》一诗中分明可以读出来。

在这首五言律诗中，上官婉儿表达的主题是相思，尽管只有短短四十个字，却将绵长的相思展现得淋漓尽致，彻底摆脱了唐初宫廷诗歌空洞无物、一味追求辞藻、刻意雕琢的痕迹，而是以景托情，借景抒情，用天气之萧瑟来衬托情怀之惆怅，显得清雅脱俗，颇得盛唐诗歌的意境。

首句"叶下洞庭初"让人联想起屈原的"袅袅兮秋风，洞庭波兮木叶下"，相思的意味瞬间变得十分浓郁。"露浓香被冷，月落锦屏虚"一句对仗工整，描写细腻，被人称之为"无意中生情"。"欲奏江南曲，贪封蓟北书。书中无别意，惟怅久离居"四句进一步展现相思，字里行间仿佛包含着深情厚谊，仿佛一位民间女子正在对夫婿倾诉其绵长悠远的思念。因此明代文学家钟惺赞曰"能得如此一气之清老，便不必奇思佳句偶！此唐人所以力追声格之妙也。既无此高浑，却复铲削精彩，难乎其为诗矣！"

上官婉儿长在深宫，一生从未离开过宫廷生活，她虽然可以"称量天下士"，却无法将自己的情感寄托在哪位青年才俊的身上，因此，与其将这首诗看作是上官婉儿思念某个人，不如看成是她对深宫寂寞生活的感慨和叹息。宫中的女子，爱情、婚姻都只是政治的附属品，美丽如上官婉儿，也只能对着寂寞的栏杆感慨自己的身世，将重重叠叠的心事藏在心底。

她是注定属于宫中的女子，含苞、盛开、枯萎、凋零，都只是这深宫里的风景，对于她的风华绝代，后人或许只能瞻仰，却无法近距离地细细观察。

上官婉儿（唐） ╱ 《游长宁公主流杯池》 （其十三）

策杖临霞屿，危步下霜蹊。志逐深山静，途随曲涧迷。

渐觉心神逸，俄看云雾低。莫怪人题树，只为赏幽栖。

2013 年 9 月，陕西省考古院研究院向外界宣布发现了上官婉儿墓。上官婉儿墓位于陕西省咸阳市渭城区北杜镇邓村北，其墓葬等级较高，但墓中没有发现上官婉儿棺椁的痕迹。

通过其墓志铭，后人揭开了上官婉儿曾是两代皇帝嫔妃的秘密，她既是唐高宗李治的才人，也是唐中宗李显的昭容。这个才华横溢的女子，连嫁人的命运都与武则天如此相似。

这一新闻迅速引发各方关注，让人们疑惑又饶有兴致的一个问题是：上官婉儿究竟长得什么模样？这个颇有才干的女子是否如许多电视剧中演绎的那样，是一个容貌出众的美女呢？

史书中关于上官婉儿容貌的记载非常少，无论是《新唐书》、《旧唐书》中关于上官婉儿的传记，还是其墓志铭中关于上官婉儿一生的介绍，都重在展现其才华和政治能力，很少涉及容貌，看来；上官婉儿之所以得宠，的确是因为她不同寻常的才华与政治能力，而非容貌。

由于墓中缺少可供复原的头盖骨，上官婉儿的容貌也将成为千古之谜，不过，很多人依然固执地相信，这是一个美丽而多才的女子，恰如唐代诗人吕温在《上官昭容书楼歌》一诗中所吟诵的那样：

"汉家婕妤唐昭容，工诗能赋千载同。自言才艺是天真，不服丈夫胜妇人。歌阑舞罢闲无事，纵恣优游弄文字。玉楼宝架中天居，缄奇秘异万卷余。水精编帙绿钿轴，云母傅纸黄金书。风飘花露清旭时，绮窗高挂红绡帷。香囊盛烟绣结络，翠羽拂案青琉璃。吩披啸卷纷无已，皎皎渊机破研理。词葱彩翰紫鸾回，思耿寥天碧云起。碧云起，心悠哉，境深转苦坐自摧。金梯珠履声一断，瑶阶日夜生青苔。青苔秘空关，曾比群玉山。神仙查何许？遗逸满人间。君不见洛阳南市卖书肆，有人买得《研神记》，纸上香多蠹不成，昭容题处犹分明，令人惆怅难为情。"

上官婉儿平生最风雅的两件事，一是创造了红梅妆，一是在唐中宗时期"品评天下文士"。

晚唐人段成式曾在《酉阳杂俎》记载了这样一段故事："今妇人面饰用花子，起自上官昭容，所制以掩黥迹。"上官昭容即上官婉儿。上官婉儿为什么要用红梅花遮掩脸上的黥迹呢？难道她真的长得很丑吗？原来，上官婉儿曾经有一次惹怒了武则天，武则天用刀刺伤了婉儿的左额，为了掩盖伤痕，婉儿别出心裁，在伤疤处刺了一朵红色的梅花以遮掩，谁知这样一来却更添娇媚。宫中妃嫔看见，便人人效仿，红梅妆便也在宫中流行起来。

而关于上官婉儿"品评天下文士"的故事，则以小说《隋唐演义》的一段记载最为详细：

至景龙三年，正月晦日，中宗欲游幸昆明池，大宴朝臣。这昆明池，乃是汉武帝所开凿。当初汉武帝好大喜功，欲征伐昆明国，因其国有滇池，方三百里，极为险要。故特凿此昆明池，以习水战。此地阔大洪壮，池中有楼台亭阁，以备登临。当下中宗欲来游幸宴集，先两日前，传谕朝臣，是日各献即事五言排律一篇，选取其中佳者，为新翻御制由。于是朝臣都争华竞胜地去做诗了。韦后对中宗道："外庭诸臣，自负高才，不信我宫中嫔御，有才胜于男子者。依妾愚见，明日将这众臣所作之诗，命上官昭容当殿评阅，使他们知宫庭中有才女子，以后应制作诗，仅不敢不竭尽心思矣。"中宗大喜道："此言正合吾意。"上官婉儿启奏道："臣妾以宫婢而评品朝臣之诗，安得他们心眼。"中宗笑道："只要你评品得公道确当，不怕他们不心眼。"途传旨于昆明池畔，另设帐殿一座。帐殿之间，高结彩楼，听候上官昭容登楼间诗。

　　此旨一下，众朝臣纷纷窃议：也有不乐的，以为亵渎朝臣。也有喜欢的，以为风流韵事。到那巴中宗与韦后及太平公主、安乐公主、长宁公主、上官昭容等，俱至昆明池游玩。大排筵宴，诸臣毕集朝拜毕，赐宴于池畔。帝后与公主辈，就帐殿中饮宴。酒行既罢，诸臣各献上诗篇。中宗传谕道："卿等虽俱美才，然所作之诗，岂无高下。朕一时未暇披览，昭容上官氏，才冠后宫，朕思卿等才子之诗，当使才女间之，可作千秋佳话，卿等勿以为亵也。"诸臣顿首称谢。中宗命诸臣俱于帐殿彩楼之前，左边站立，其诗不中选者，逐一立向右边去。少顷只见上官婉儿，头戴凤冠，身穿绣服，飘轻裙，曳长袖，恍如仙子临凡。先向中宗与韦后谢了恩，内侍宫女们簇拥着上彩楼，临楼槛而坐。楼前挂起一面朱书的大牌来，上写道：

昭容上官氏奉诏评诗，只选其中最佳者一篇，进呈御览；不中选者，即发下楼，付还本官。

　　槛前供设书案，排列文房四宝，内侍将众官诗篇呈递案上。婉儿举笔评阅。众官都仰望着楼上。须臾之间，只见那些不中选的诗，纷纷地飘下楼来。每一纸落下，众人争先抢看。见了自己名字，即便取来袖了，默默无言地立过右边去……

　　上官婉儿奉旨"品评天下文士"，实在是因为她的才华"胜于男子"。后人从上官婉儿的山水诗中读出盛唐山水田园诗的意境，进而忘却其宫廷诗人的身份，这便是上官婉儿的高妙之处，《游长宁公主流杯池》便是其山水诗中的杰出代表。

　　作为一个长于深宫的女子，上官婉儿在山水诗中显示了她对唐代宫廷山水诗题材的突破和审美情趣的超越，同时也流露出她对自然的深切热爱与礼赞之情。一句"志逐深山静，途随曲涧迷"，后人或可读出王维的影子，这便是后人称其为盛唐田园山水诗派导夫先路的原因吧。

江采萍（唐）／《谢赐珍珠》

柳叶双眉久不描，残妆和泪污红绡。

长门尽日无梳洗，何必珍珠慰寂寥。

唐代的宫廷女子中，江采萍的名字并不为大众所熟知。但如果提起与杨贵妃争宠的梅妃，其知名度则大大提升。

如果说杨玉环美在珠圆玉润、回眸一笑百媚生，那么江采萍，则是弱柳扶风、娇花临水般的美，二者好比《红楼梦》里的宝钗与黛玉。出生于闽地莆田的江采萍，有着江南女子的特有的婉约与细腻，举手投足间风情万种。

她不仅貌美，而且懂乐器、通音律，擅长歌舞，精通诗文。这样才貌双全的女子，是不甘默默于平常巷陌中嫁与匹夫终老此生的。她注定要成为传奇。十六岁那年，她就被前来江南寻访美女的权宦高力士看中，选入皇宫，从此平步青云，成为唐玄宗的宠妃。

成为宠妃后的江采萍面对盛唐皇宫的富丽堂皇，似乎从未眼花缭乱过，她依然保持着江南女子明媚、淡雅的审美情趣，如同盛开在唐王朝里一枝风神清逸的墨梅，自有其独特的精神气质。她不喜珠宝，常常淡妆雅服，清丽脱俗迥异于后宫嫔妃；她癖爱梅花，并在所居之处遍植梅树。每当梅花盛开时，她常常流连于梅树下，赏花枝独俏，疏影横斜，眉眼间是一脉淡然悠远的风情，仿佛后宫中的尔虞我诈、钩心斗角都与她没有任何关系。

正因如此，唐玄宗李隆基亲昵地称呼她为梅妃，又常常戏称她为"梅精"。此时此刻，集万千宠爱于一生的江采萍显得孤高自许，目无下尘，常常以才女谢道韫自比。她从未想过，有一天，自己在后宫中的风头会被别人掩盖。

不幸的是，她遇上了杨玉环，那个被她称为"肥妃"的女子。

杨玉环比她小九岁，在后宫中，是作为江采萍的对立面存在的。她体态丰腴，性情活泼，喜爱热闹、世俗的生活，是盛唐时期最具性感的女子，与梅妃的清丽脱俗、出淤泥而不染格格不入。

杨玉环的到来，使得玄宗将所有的宠爱倾注在她一个人身上，梅妃渐渐失宠。时光荏苒，对于寂寞独居的后宫女子来说却显得格外悠长。当梅妃纤长的身影掠过大明宫的亭台楼阁，却只是"寂寞梧桐深院，锁清秋"，徒有一番"剪不断，理还乱"的忧思。

最终，杨贵妃枕头风一吹，江采萍被贬冷宫——上阳东宫。冷宫清寂，原本也适合梅妃安静清冷的性格，只是，此生的绝代容貌与才华，就要这样寂寂地消磨在这深宫之中吗？江采萍不是目不识丁的女子，她饱读诗书，那一首首凄婉伤感的《宫词》、《宫怨》，常常在她的眼前浮现，她吟着那些用血泪凝成的诗句，泪流满面。

有一天，幽居的江采萍突然听到外面驿马奔跑的声音，那声音由远及近，在寂寞的宫墙中回响着，显得极其清脆。她一阵狂喜，连忙询问身边的侍女，听这声音，可是皇帝命人给我送梅花来了吗？是不是皇上又想起我来了？侍女低眉顺眼，声音低沉地回答道，娘娘，您弄错了，奴婢已经出去打听了，这是皇上命驿马给贵妃娘娘送荔枝来了。

梅花——荔枝，这是何等刺心的转变，何等的世态炎凉。江采萍叹息着，想起汉代陈阿娇被汉武帝幽居长门宫的往事，不禁潸然泪下。

　　一朝春尽红颜老，花落人亡两不知。此时此刻，梅妃江采萍再也不甘心忍受这样"忧伤以终老"的冷宫生活了。不过，她没有高超阴毒的争宠手段，借刀杀人、玩弄于股掌之上的那一套她全然不会。她只能效仿陈阿娇千金买赋的故事，准备拿出千金请高力士找人写赋呈给皇上。

　　忙着向杨贵妃献殷勤的高力士拒绝了梅妃的要求。无奈之下，精通诗文的才女江采萍只能自己执笔，写了一首自述心意、思念玄宗的《楼东赋》呈给皇帝。

　　《楼东赋》的款款深情打动了玄宗，为了安慰梅妃，他派人悄悄地送了一斛珍珠给梅妃。不过，因为担心杨贵妃吃醋，玄宗依旧没有召见梅妃。梅妃手捧珍珠，想起玄宗的薄情寡义，提笔写下了一首《谢赐珍珠》。为了表达自己决绝的心情，她将诗与珍珠一起送还给玄宗。

　　此时此刻，幽居冷宫的江采萍，因为失去了君王的宠爱，早已无心装饰。那曾经如柳叶般明媚的双眉已久不描画，残妆泪眼，无人看见，只是一夜一夜沾湿了红绡帐。既然冷宫中的人早就不在乎自己的容貌，又何必需要这一斛珍珠来安慰寂寞呢？

　　后两句诗，看似绝情实则多情，千言万语尽在不言之中，梅妃的孤傲、梅妃的怨恨、梅妃的爱情、梅妃的决绝、梅妃的失落，尽在这两句诗中，堪称"古今情语"。这两句诗，饱含了一个备受冷落的薄命女子对夫君的埋怨、无奈甚至绝望，字里行间又流动着顾影自怜，难怪玄宗看后要"怅然不乐"了。

　　然而，《楼东赋》既然无法挽回唐玄宗的心，心高气傲的江采萍便不再指望《谢赐珍珠》能让玄宗回心转意。古往今来多少薄幸男儿多少薄命女子，何况自己选择的是天底下最不可能忠于爱情的帝王之家呢？既然如此，那就保持一个痴情女子内心深处最后的一份骄傲吧。

长门尽日无梳洗，何必珍珠慰寂寥。

她把珍珠还给了唐玄宗，却把爱情深埋心底，从此，爱与不爱，与他无关。

薛涛（唐）／《送友人》

水国蒹葭夜有霜，月寒山色共苍苍。

谁言千里自今夕，离梦杳如关塞长。

唐朝的四大女诗人薛涛、李冶、鱼玄机、刘采春中，薛涛是理所当然要居其首位的。

薛涛父薛郧，仕宦入蜀，因此幼年的薛涛便随父亲在蜀中长大。蜀地清丽的山水不仅陶冶了薛涛的情操，也滋养了她俊美的容貌，薛涛小小年纪，便以姿容美艳、能诗会文而出名。

年少时的薛涛应该是幸福的，有父母的宠爱，有蜀中的美景陪伴，可以随心所欲，任天真烂漫的性情自由滋长，如同一朵开在水边的芙蓉，吸收天地之灵地，蕴育岁月之精华。

但这一切，随着父亲的去世一去不复返了，父死家贫，薛涛十六岁因迫于生计遂堕入乐籍。如此说来，薛涛的命运有些像张爱玲小说《半生缘》里的顾曼璐，随着父亲撒手人寰，她为了养活一家人一夜之间成为舞女，从此开始了夜夜笙歌的日子，并在日复一日的堕落中走向生命的下坡路，最终薄命嫁人，为人诟病，气愤交加而亡。

但薛涛没有走上曼璐的道路，一来与她的才情有关，二来唐代雍容宽厚的社会风气，大概与民国纸醉金迷的现实还是有些区别吧。

据说八九岁时，父亲曾经给薛涛出了一道题："庭除一古桐，耸干入云中"，命薛涛对出下句，薛涛略加思索，便回答道："枝迎南北鸟，叶送往来风"。父亲听后，既惊讶又忧愁。惊讶的是女儿才思敏捷，忧愁的是诗中似有不祥之兆，他担心女儿今后沦为迎来送往的风尘女子。

这样的担心在父亲去世后很快就成为现实。不过，薛涛不是那些专操皮肉生意无知无觉毫无廉耻的女子，尽管她在高崇文、武元衡、李夷简、王播、段文昌、杜元颖、郭钊、李德裕等人相继镇蜀的时间里都以歌妓而兼清客的身份出入幕府，但貌美而多才的薛涛自有其气节，这从后人对她的"万里桥边女校书"的称呼中便可以看出来。

十九岁那年，薛涛脱离乐籍，获得了自由身。但如果后人将其想象为一个妓女从良的故事未免落入俗套，心高气傲的薛涛没有将人生幸福的希望托付给那些口是心非的薄情郎，而是选择定居浣花溪，从此终生未嫁。

在浣花溪畔，薛涛读书吟诗，并独创"薛涛笺"。此笺为深红色小八行纸，便于题写小诗，诗人追捧，一时风靡天下。这样的风流韵事，可载入古代文学史，薛涛的兰心蕙质，由此可见一斑。

薛涛曾有一首《春望词》，其中便可展现她幽居的情思与杰出的才华——"花开不同赏，花落不同悲。欲问相思处，花开花落时。揽草结同心，将以遗知音。春愁正断绝，春鸟复哀吟。风花日将老，佳期犹渺渺。不结同心人，空结同心草。那堪花满枝，翻作两相思。玉箸垂朝镜，春风知不知？"

此时，薛涛虽然只有二十来岁，却早已饱尝人间的喜怒哀乐，那种"今年欢笑复明年，秋月春风等闲度"的日子，对于她来说是那样的刻骨铭心，她发誓要做一个自由的女子，她人生中的喜怒哀乐，从来只有自己，不为任何人。

在浣花溪上，薛涛与当时著名诗人元稹、白居易、张籍、王建、刘禹锡、杜牧、张祐等人都有唱酬交往，留下过不少著名的诗篇，而这首《送友人》就是向来为人传诵、并可与"唐才子"们竞雄的名篇。

从薛涛的交往来看，此诗的送别之人应该是薛涛的男性朋友，因此诗中没有丝毫闺阁气，而是由景生情，于短短的28字中蕴含无限曲折与韵味。

首句写景，应该是化用了《诗经》中"蒹葭苍苍，白露为霜"的句子，让人想起宋玉《风赋》中"悲哉秋之为气也！萧瑟兮草木摇落而变衰；憭栗兮若在远行，登山临水兮，送将归"，一种凄凉之感油然而生，秋乃万物肃杀的季节，在这样的季节里送别友人，心中的凄然悲感，更胜往常。

"月寒山色共苍苍"一句，点明了送别的时间是秋夜，月夜生寒，山色苍茫，心中惆怅，离别之情便更加浓郁。

想到从今后，人隔千里，自今夕始，何况友人去的是遥远的"关塞"呢？诗人的言下之意，或许是安慰友人"海内存知己，天涯若比邻"，或许是感慨"劝酒更尽一杯酒，西出阳关无故人"，或许更是对"此生此夜不长好，明月明年何处看"的伤感和无奈。

后人曾用"清空"二字来形容薛涛送别诗的意境，的确，此诗化用前人诗句而不着痕迹，景中含情而不事雕琢，耐人玩味。或许，这清空的境界，便与此时此刻薛涛的心境有关吧，经历了人生的悲喜欢欣后的薛涛，虽然年纪尚轻，心却早已如止水，波澜不惊了。

薛涛（唐）／《牡丹》

去年零落暮春时，泪湿红笺怨别离。

常恐便同巫峡散，因何重有武陵期。

传情每向馨香得，不语还应彼此知。

只欲栏边安枕席，夜深闲共说相思。

这首《牡丹》应与元稹的《离思》（其四）合起来鉴赏，因为，这其中涉及一段有始无终的爱情。

元稹的《离思》（其四）写道："曾经沧海难为水，除却巫山不是云。取次花丛懒回顾，半缘修道半缘君。"此诗中"曾经沧海难为水"的女子，不是别人，而是元稹曾经相爱的亡妻韦氏，因为曾经刻骨铭心的爱，元稹从此"取次花丛懒回顾"，可是有一天，他遇上了薛涛。

再刚强的女子，内心深处也是渴望爱情的，哪怕是心如止水的薛涛。她不需要婚姻给予自己名存实亡的慰藉，却依然渴望爱情来安抚自己孤独而受伤的心灵。

薛涛独居浣花溪时，身边的文人雅士虽如过江之鲫，但没有人能真正静下心来怜惜这如花似玉般的风景，没有人能够给予她渴望的幸福，人人视她为红颜知己，却没有人走进过她的内心世界。

直到四十岁那年，已经不再年轻的薛涛，却与小她十岁的元稹展开了一场"姐弟恋"。

元稹早就听说浣花溪上薛涛的美名，正好这一年他以御史身份出使蜀地，便有意要前去拜访薛涛。这一年元稹已经三十岁，正是男人的青葱岁月，虽已结婚五年，但他寻花觅柳的意兴并没有因为婚姻而减淡半分。

元稹久富诗名，这一次翩然出现在薛涛面前，便也是器宇轩昂，风流潇洒，竟使四十岁的薛涛产生了强烈的爱情震撼。两人谈诗论文，惺惺相惜，很快就坠入到热恋缠绵的境界，竟然在浣花溪上同居了三个月之久。

那段时间是薛涛最甜蜜的岁月，她用这样的诗句来描写当时的快乐心境——"双栖绿池上，朝暮共飞还。更忆将雏日，同心莲叶间。"一个徐娘半老的女诗人甜蜜地憧憬着自己的爱情，丝毫不管这段姐弟恋会招来世人怎样的侧目。

在爱情的甜蜜里，薛涛做了这辈子最美丽的一个梦，梦中有春光无限，有花前月下，有恩爱缠绵……但梦终究是要醒的，醒来后的薛涛一无所有。

后人似乎很难理解，年仅三十岁而风流潇洒的元稹怎么会爱上一个比自己大十岁的女子，事实上，他们在一起，并不像许多年轻恋人那样追求的是郎才女貌的美好，而更多的是一种心灵的相通与才华的互相赏识。何况，薛涛自负美貌，即便徐娘半老，却自有其气质与风韵，对于屡经花丛的元稹来说，未必没有吸引力。

然而，元稹却并非可以托付终身的郎君，他在结婚之前，曾经对一位名叫"莺莺"的女子始乱终弃；他并非像"曾经沧海难为水"一诗中表达的那样忠贞，很快，他就有了续娶的妻子和小妾。

随着元稹蜀地为官的结束，薛涛与元稹也不得不面临着分别的那一天，分别时有多少留恋和不舍，后人或许难以想象，但元稹从此一去不复返，寂寞的薛涛只能独居浣花溪畔，日复一日在无人的夜晚怀念那段"何当共剪西窗烛，却话巴山夜雨时"的美好时光。

正如这首《牡丹》所描画的那样，在诗中，牡丹成为薛涛情人的象征，遥想去年零落暮春时，那"泪湿红笺怨别离"的场景，仿佛还历历在目；然而离别的日期，却总是那样触目惊心，仿佛瞬间就会到来，所以，诗人时时怀有"常恐便同巫峡散，因何重有武陵期"的恐惧，楚襄王和巫山神女梦中幽会，却从此一去不返，再也不能相见，而刘晨、阮肇偶遇仙女的故事，更是让人觉得虚无缥缈，徒有离别之叹。

"传情每向馨香得，不语还应彼此知"，这一番思念之情你可知道呢？或许因为路途遥远，你已不再感知我这深切的爱恋了吧？而我只希望有朝一日能重逢在一起，"只欲栏边安枕席，夜深闲共说相思"，那共枕而眠的甜蜜，或许只存在于想象之中，此生不复再得了。

如诗中所述，薛涛就这样静静地结束了她与元稹之间的一段姐弟恋，因为聪明如她，早就参透了其中的机关：他们不过是一对露水情缘，偶尔邂逅，朝生暮死，又何来生生世世恩恩爱爱之说呢？

元稹五十二岁时在武昌得病暴亡。而比他大整整十岁的薛涛也于第二年郁郁而终，她终生未嫁，享年六十三岁。

元稹之前，薛涛还与诗人韦皋有过一段恋情，并写了一系列"十离诗"送给对方，这十首诗分别为：《犬离主》、《笔离手》、《马离厩》、《鹦鹉离笼》、《燕离巢》、《珠离掌》、《鱼离池》、《鹰离鞴》、《竹离亭》、《镜离台》，在这十首诗歌中，薛涛分别用犬、笔、马、鹦鹉、燕、珠、鱼、鹰、竹、镜来比自己，而用主、手、厩、笼、巢、掌、池、鞴、亭、台来比喻自己所依靠的韦皋，然而这段感情也如生命中的春光一样，乍现便转瞬即逝了。

鱼玄机（唐）／《赠邻女》

羞日遮罗袖，愁春懒起妆。

易求无价宝，难得有心郎。

枕上潜垂泪，花间暗断肠。

自能窥宋玉，何必恨王昌。

鱼玄机虽然名列唐代四大女诗人，然而她留下来的名篇并不算太多，但一句"易求无价宝，难得有心郎"却参透世间真爱的可贵，成为历代女子的知音，让世间多少痴情女子为之伤心落泪。

鱼玄机，字蕙兰，长安人，生于晚唐，性聪慧，有才思，好读书，尤工诗。《唐才子传》则称赞其"性聪慧，好读书，尤工韵调，情致繁缛"。

十一岁那年，常年流落于烟花巷落的鱼玄机遇上了诗人温庭筠。当时，她还不叫鱼玄机，而叫鱼幼薇。温庭筠早就闻得鱼幼薇的诗名，对这位出身贫寒的奇女子很是赏识。为了考察她的真才实学，温庭筠出了一道"江边柳"的考题，只见少年幼薇不假思索，挥笔写就"翠色连荒岸，烟姿入远楼。影铺秋水面，花落钓人头。根老藏鱼窟，枝低系客舟。潇潇风雨夜，惊梦复添愁"的五律应答。

就这样，幼薇成了温庭筠的学生，他一边教她写诗，一边照顾她的生活，朝夕相处的时光以及无微不至的照顾使得年少的幼薇竟然对花甲之年的温庭筠产生了爱情。她怀揣着少女时代最美好的一份情感，抬眼望着自己的恩师。

温庭筠常年流连于花柳巷中，什么样的痴男怨女没有见过？当他捕捉到幼薇那一双纯澈而含情的双眸时，他的心也颤抖了。这个女孩还嫩得很，心思一眼就能看穿，她还不知道，未来的世界将带给她怎样的命运。

温庭筠终于没有勇气接受这个还在豆蔻年华的女子的爱情，尽管他们一直保持着亦师亦友的关系，但温庭筠还是离开长安，到外地去了。

初恋的离去还没来得及带给年少的幼薇太多的伤感，她便在十六岁那年嫁与吏部补阙李亿为妾。这是一场没有爱情的结合，对于鱼幼薇来说，只为一生有个依靠，然而，这个无奈中选择的巢穴还是容不下她。由于李亿出身望族的老婆裴氏容不下年轻貌美又颇有才华的鱼幼薇，李亿也只好硬心肠将幼薇扫出家门，送进了长安咸宜观作道姑。十七岁的鱼幼薇从此成为了道姑鱼玄机。

从鱼幼薇到鱼玄机，在外人看来只是一个名字的变化，对于鱼玄机来说却是人生彻底的蜕变，从此，她不再相信爱情，并写下了那首决绝的诗歌："易求无价宝，难得有心郎。"

这首诗象征着鱼玄机人生的分水岭，从无知到有知，从自恋到自怜，从憧憬爱情到遗忘爱情，从战战兢兢到及时行乐……她的人生走向了另一个方向。

就像很多的笔记小说中记载的那样，尽管身为道姑，但鱼玄机却撩起了这里的无边春色，成为出了名的荡妇。在这里，她结交天下文士，用诗词文章抒写内心的喜怒哀乐，用宴会和饮酒来掩盖内心的空虚和寂寞，她将男人踩在脚下，欢喜者日日相伴，饮酒作乐，看不顺眼的便拒之门外，让对方尝遍坐冷板凳的滋味……她自由自在，潇洒自得，尽情地享受着属于女皇的世界。

这便是唐代女子与明清女子的不同，也是鱼玄机与冯小青的区别之处。冯小青伤心落泪感叹"人间亦有痴于我，不独伤心是小青"的时候，鱼玄机却在高唱"自能窥宋玉，何必恨王昌"；冯小青独居孤山脚下，"瘦影更怜春水照"的时候，鱼玄机却在饮酒作乐，用实际行动为人性的解放呐喊。

或许夜深人静的时候，当她卸去残妆，她也会自伤身世，也会怜惜自己的"如花美眷，似水流年"，这一切都藏在深不见底的幕后，没有人能洞穿她的悲哀，对于鱼玄机来说，人生就像一场盛宴，又像一场极尽繁华的演出，总是要把最美丽、最动人的自己留在台上，这样才不算白来世上这一遭。

尽管如此，身为道姑的鱼玄机还是有愁苦与自伤身世的作品，如她在《卖残牡丹》这首咏物诗中写道："临风兴叹落花频，芳意潜消又一春。应为价高人不问，却缘香甚蝶难亲。红英只称生宫里，翠叶那堪染路尘。及至移根上林苑，王孙方恨买无因。"以残败的牡丹比喻自己的无人赏识，相比此时鱼玄机的心情，一定相当落寞。

又如《愁思》一诗写道："落叶纷纷暮雨和，朱丝独抚自清歌。放情休恨无心友，养性空抛苦海波。长者车音门外有，道家书卷枕前多。布衣终作云霄客，绿水青山时一过。"由此可以看出，鱼玄机并非心甘情愿地过着这种女道士的生活，她也渴望有一个稳定的家庭，一个爱的巢穴，能够温暖自己疲惫的心灵。

再绚丽的人生总有谢幕的那一天。只是鱼玄机没有想到，这一天却来得如此之快。

十七岁入道观的鱼玄机，只享受了短短 7 年及时行乐的光阴，便因打死丫鬟绿翘而被交付刑场，处以极刑。走向刑场的那一刻，她一直在想：自己的一生会不会只是个笑话？长安城的繁华与寂寞中，又有谁是真心在乎自己存在过的人呢？

或许，此时，她会想起花甲之年的温庭筠，想起那段铭刻在生命深处的师生恋吧。

黄崇嘏（唐）／《辞蜀相妻女诗》

一辞拾翠碧江湄，贫守蓬茅但赋诗。
自服蓝衫居郡橡，永抛鸾镜画蛾眉。
立身卓尔青松操，挺志铿然白璧姿。
幕府若容为坦腹，愿天速变作男儿。

唐代蜀地多才女，薛涛如是，张窈窕如是，黄崇嘏如是。

因出身于书香门第，黄崇嘏自幼受到良好教育，工诗善文，琴棋书画，无一不精。或许说到这里，黄崇嘏与一般的才女并无太大区别。但倘若提起她"女状元"的美称与黄梅戏《女驸马》原型的由来，黄崇嘏的独特之处这才彰显出来。

这是一个不可多得的奇女子。

黄崇嘏在父母双亡后有过一段颠沛流离的少年经历。这段痛苦的经历锻炼了她的心性和意志，使她在成年后变成了一个颇有"女汉子"风度的才女：她喜欢游历，曾多次游历川东、川西，开拓了眼界，也增长了阅历见识，她的人生阅历，远不是那些"大门不出，二门不迈"的娇滴滴的闺阁小姐所能比拟的；她喜爱女扮男装，常常身着儒生服出入街头巷尾，俨然翩翩佳公子，引路人投来艳羡的目光。

唐僖宗文德元年（公元888年），这位个性潇洒的"女汉子"却不幸卷入一场官司中，而事情的缘起，便是她"女扮男装"引来的祸端。

这一天，临邛县城发生大火，喜爱热闹的黄崇嘏正好从乡间偶然进城，又正好经过起火现场，阴差阳错竟被人诬为纵火人，尽管这位个性潇洒的"女汉子"百般解释，但最终还是百口莫辩，被当地知县一把铁链锁住，押送州中等待处罚。

知州周庠将黄崇嘏下在狱中，一代才女就这样委屈地成为了阶下囚，黄崇嘏觉得自己好像做了一个梦，一切都显得那么不真实，让人难以置信。她来不及悲哀，也无暇哭闹喊冤，而是安静地待在狱中，苦思自救之法。

她早就听说知州周庠为官清正，又从狱卒的口中打听到此人是个爱才之人，便决定写诗辩冤，以求洗脱罪责。

黄崇嘏推狱卒递给知州周庠的诗是这样写的："偶离幽隐住临邛，行止坚贞比涧松。何事政清如水镜，绊他野鹤向深笼。"这首诗写得不卑不亢，一则交代了自己偶然路过县城而被诬陷的冤情，二则表白了自己"行止坚贞比涧松"的高贵品格，三来希望知州能够秉公办理，还人清白。

周庠得诗后，十分惊讶于写诗人的才情，便决定亲自召见黄崇嘏，查询实情。站在知州大人面前的黄崇嘏并没有表明其女子身份，而是自称"乡贡进士"，同时彬彬有礼地将事情的经过叙述了一番。眼前的这位翩翩佳公子风流潇洒，举止斯文，态度从容，怎么可能是纵火犯罪的嫌犯呢？周庠经过判定，认为黄崇嘏是无辜蒙冤，便将她无罪释放。

为了感谢知州，黄崇嘏于几天后"复献长歌"，洋洋洒洒写了一幅长卷，表达对知州的感激之情，长歌文字优美，意境开阔，周庠喜爱其才华，将她招入学院，让她与自己的儿子、侄子一起研讨学问。

出身书香门第的黄崇嘏"雅善琴弈妙书画"，让周庠父子赞赏不已。由于欣赏黄崇嘏的才华，周庠举荐她代理司户参军。黄崇嘏也没有对此拒绝，而是欣然上任，到任后办事干练，将各种琐碎的事务处理得井井有条，甚至一些积压多年的疑难案件也被她审理清楚，使得当地"胥吏畏服"。

见如此多才的黄崇嘏三十来岁还没有成家，爱才心切的黄崇嘏的周庠决定将自己心爱的女儿嫁给黄崇嘏。当周庠派遣来的办事人员将周庠的一番好意表达出来后，黄崇嘏知道自己告别的日子很快就到了，过了不久，她便给周庠送去一封辞职求隐的信，并附了一首诗——《辞蜀相妻女诗》。

黄崇嘏在诗中表明了自己女儿家的身份，并强调了自己"立身卓尔青松操，挺志铿然白璧姿"的品格，最后两句读来颇有意味：意思是如果周庠一定要让自己成为东床娇婿的话，那么只好祈愿老天能马上把自己变成男子了。

周庠这才恍然大悟，对于这样的奇女子，他不敢怠慢，不仅顺从了黄崇嘏的心愿，而且还赠送了她一笔生活费，答应让她辞官乡里。

春光明媚的日子，黄崇嘏卸掉官服，一身轻松地归去。

她的风流潇洒，从此只存在于世人的传诵中，恰如清代女诗人王筠在《鹧鸪天》一词中吟唱的那样："闺阁沉埋十数年，不能身贵不能仙。读书每羡班超志，把酒长吟太白篇。怀壮志，欲冲天，木兰崇嘏事无缘。玉堂金马生无分，好把心情付梦诠。"

关盼盼（唐） ／《燕子楼三首》

（其一）

楼上残灯伴晓霜，独眠人起合欢床；

相思一夜情多少，地角天涯未是长！

（其二）

北邙松柏锁愁烟，燕子楼中思悄然；

自理剑履歌尘绝，红袖香消一十年。

（其三）

适看鸿雁岳阳回，又睹玄禽逼社来；

瑶琴玉箫无愁绪，任从蛛网任从灰。

关盼盼，徐州妓也，张建封纳之。张殁，独居彭城燕子楼，历十余年。白居易赠诗讽，盼盼得诗，泣曰："妾非不能死，恐我公有从死之妾，玷清范耳。"乃和白诗，旬日不食而卒。

这是《全唐诗》中关于关盼盼的全部介绍。这段文字虽然不长，却在后代引发了一个持续多年的争议：白居易究竟有没有逼死关盼盼？

事情还得从白居易初见关盼盼的那次宴会上说起。那是一个春暖花开的日子，官居校书郎的大诗人白居易远游来到徐州，徐州守帅张愔素来敬慕白居易诗才，便慕名将他邀入府中，设盛宴殷勤款待。

二人饮酒甚乐，突然间，席上来了一位身材窈窕、美艳绝伦的女子，不仅频频执壶为他敬酒，还决定歌舞助兴。一番询问之后，白居易这才明白：此女名叫关盼盼，妓女出身，擅长歌舞与文墨，是张愔的爱妾。

对于美貌而多才的女子，大诗人白居易总是保留着一份好奇，他醉眼蒙眬地看着眼前这位明艳动人的女子，很想见识一下她的才艺，看看她是不是名副其实。

关盼盼也很想在大诗人面前展露自己的才艺，于是卖力地表演了自己最擅长的"长恨歌"和"霓裳羽衣舞"，轻歌曼舞，喉清嗓嫩，让白居易大为赞赏，借着酒劲，大诗人大笔一挥，当即写了一首赞美关盼盼的诗歌："醉娇胜不得，风袅牡丹花"，以牡丹比喻关盼盼，言下之意是说，眼前的关盼盼丝毫不逊于当年李太白笔下"名花倾国两相欢"的杨贵妃。

大诗人的称赞，让张愔觉得很有面子，关盼盼也因此声名大噪。

世事无常，让人没有想到的是，两年后张愔病逝徐州，府中姬妾风流云散，其中唯有关盼盼立志为张愔守节，她带着一位年老的仆人迁居到徐州城郊云龙山麓的燕子楼，从此过着几乎与世隔绝的日子。

燕子楼是张愔生前为关盼盼兴建的一处别墅，连楼名都二人一同议定的，只是如今物在人亡，只剩下寡居的张盼盼，在这里一住便是十年。

对于普通人，十年或许只是弹指一瞬间，但对于寡居的关盼盼来说，这十年中的分分秒秒，对于她来说莫不历历在目。十年中，她无心梳洗，也不再歌舞，只是抚摸着张愔的旧物，数着时间一点点地逝去。庭前的花开花落，天际的云卷云舒，在她心中已经失去了曾经的美好意义，她只是一个心如槁灰的未亡人，甚至连她自己都不知道，这样活着还有什么意义。

十年中，她留下了的伤感诗句，便是《燕子楼三首》，在诗中，她展现的不仅是寡居生活的寂寞凄清，更是对丈夫的无限怀念，哪怕两人早已生死相隔，阴阳两地。

十年后，这三首情深意切的诗辗转来到了白居易的手中，白居易读后，颇为关盼盼的一腔深情所感动，他当即依韵和诗三首：

（其一）
满窗明月满帘霜，被冷灯残拂卧床；
燕子楼中寒月夜，秋来只为一人长。
（其二）
钿带罗衫色似烟，几回欲起即潸然；
自从不舞霓裳曲，叠在空箱一十年。
（其三）
今春有客洛阳回，曾到尚书坟上来；
见说白杨堪作柱，争教红粉不成灰。

此外，白居易还在最后添加了一首七言绝句：

黄金不惜买娥眉，拣得如花四五枚。
歌舞教成心力尽，一朝身去不相随。

让人没想到的是，这四首诗到了关盼盼的手中，竟成为一道催命符，十天后，她便绝食身亡。

白居易的诗中究竟写了什么内容？

在前三首和诗中，白居易表达的是对关盼盼守节的同情和敬佩，并没有其他意思，唯有最后一首七言绝句："歌舞教成心力尽，一朝身去不相随"，其言下之意便是，既然两人感情这么深厚，那么为什么关盼盼不能以身殉节，以成就夫妻恩爱的美名呢？为什么还要苟活在这个世界上呢？

白居易用男权社会的霸道和惯有思维劝说关盼盼自尽，致使关盼盼读诗后痛哭失声，她含着眼泪对送信的人说道："我不是贪生怕死之人，之所以没有随亡夫死去，是担心人们议论亡夫重美色，竟然让自己的爱妾殉身，这样岂不玷污了我丈夫的美名？"

死亡真的比活着更艰难吗？对于关盼盼来说，答案是否定的。她早已成为那个面如死灰的未亡人，所谓的春花秋月，对于她来说不过是熬日子罢了，唯一让她坚持活下去的信念便是——"恐我公有从死之妾，玷清范耳"。既然连这个信念都被人怀疑，那么她活着也没有任何意义了。

她用惨烈的死回答了白居易的质问，而大诗人白居易也因此背上了逼死关盼盼的罪名。尽管后人写出很多的翻案文章，认为白居易与关盼盼的死没有任何关系，甚至有人指出，唐代社会并没有让姬妾殉葬的习俗，但这桩公案到现在还没有了却，学术史上也没有统一的答案。

刘采春（唐）／《啰唝曲六首》

（其一）

不喜秦淮水，生憎江上船。载儿夫婿去，经岁又经年。

（其二）

借问东园柳，枯来得几年。自无枝叶分，莫恐太阳偏。

（其三）

莫作商人妇，金钗当卜钱。朝朝江口望，错认几人船。

（其四）

那年离别日，只道住桐庐。桐庐人不见，今得广州书。

（其五）

昨日胜今日，今年老去年。黄河清有日，白发黑无缘。

（其六）

昨日北风寒，牵船浦里安。潮来打缆断，摇橹始知难。

所谓参军戏，是唐代流行的一种戏曲形式，以调笑戏谑为主要内容，演出者共两人，一为参军，一为苍鹘，男女演员均可扮演。刘采春，就是这样一位参军戏演员。

此外，她还是唐代中期较为著名的流行歌手，据说在江浙一带，只要听到刘采春的歌声，"闺妇、行人莫不涟泣"，她的粉丝以闺中少女、少妇为主，可见她的歌大多是以闺情、闺思作为主要内容的。

最为著名的莫过于她的《啰唝曲》，这首歌又名《望夫歌》，乃刘采春自创，据说，当时的商人妇最喜欢刘采春的《望夫歌》，曲中"不喜秦淮水，生憎江上船。载儿夫婿去，经岁又经年"、"昨日胜今日，今年老去年。黄河清有日，白发黑无缘"的诗句，成为无数思妇的共同心声。

由于身处乐籍，刘采春很早就嫁给了同为参军戏演员的周季崇为妻，在倡优等同与娼妓的唐代社会里，他们是生活在社会最底层的人，出身低贱，为人耻笑，尽管刘采春几乎成为当时的女明星，也丝毫改变不了她卑贱的命运。

不过，周季崇心地善良，对刘采春十分疼爱，夫妻感情非常融洽，为了生计，夫妻二人与周季崇的哥哥周季南一起，组成一个家庭戏班，走街串巷，浪迹天涯。

这样的生活虽然艰辛，但也不乏温暖和乐趣，何况刘采春名声在外，他们的收入也不算太低。如果不是在二十五岁那年遇上了风流才子元稹，刘采春一定会随着丈夫浪迹天涯，直到老死。

不幸的是，她遇上了元稹，并不可避免地成为了他的猎艳目标。

那一年，刘采春与丈夫前往浙江绍兴演出，消息一出，万人空巷，人人都希望一睹刘采春的真容。在人头攒动的人群中，有一个人远望着刘采春清秀的面容，眼神中流露出一丝艳羡，他就是当时的绍兴地方官，著名的大才子元稹。

说起他的风流艳史，不可谓不多：他与少女崔莺莺有过"始乱终弃"的情史，与才女薛涛进行过一场轰轰烈烈的姐弟恋，他号称"曾经沧海难为水，除却巫山不是云"，却在妻子韦丛死后不久便立刻纳妾，而此时此刻，让人心动的不是别人，而是刘采春。

为了俘获美人芳心，元稹下了一番功夫，他先是写了一篇评论刘采春才艺的文章，将她吹得天花乱坠，接着又写了著名的诗歌《赠刘采春》——"新妆巧样画双蛾，谩里常州透额罗。正面偷匀光滑笏，缓行轻踏破纹波。言辞雅措风流足，举止低回秀媚多。更有恼人肠断处，选词能唱望夫歌。"

再聪明的女子，恐怕也逃不脱男人的花言巧语，更参不透那虚荣背后的虚假。如果刘采春知道，远在成都浣花溪畔的薛涛还在痴痴苦等着这位薄幸郎君，她一定不会为元稹的花言巧语所迷惑。但遗憾的是，面对元稹强烈的攻势，刘采春屈服了。

一个情场浪子，一个有夫之妇，就这样走到了一起。至于刘采春那个温柔而木讷的原配丈夫周季崇，在元稹塞给他一笔还算丰厚的报偿后，沉默地收拾起自己的行囊，继续他浪迹天涯的生活。在倡优被称为"下九流"的时代里，他没有机会，也没有能力去表达自己的愤怒，卑贱如他，顺从往往比反抗有用得多。

与薛涛一样，刘采春没名没分、非妻非妾地与元稹过起了同居的生活，他们在一起生活了七年的时间。当刘采春在元稹府中唱起动人的《啰唝曲》，引得元稹击节赞赏时，薛涛却依然在浣花溪畔翘首而盼，等待着有一天，他们会重逢。

薛涛的等待最终成为绝望，而刘采春的所谓恩爱也最终成为了绝情。七年后，元稹恩断义绝，毅然离去，甚至忘了留给刘采春一个值得纪念的背影，已经年过三十的刘采春从此沦为弃妇。

刘采春没有选择"忧伤以终老"，而是选了一种惨烈的方式——投河自尽。她站在晚秋的风中，想起元稹的绝情，想起前夫的温柔体贴，内心之中一定懊悔不已，如果生命给她重来一次的机会，她一定选择与周季崇去做一对贫贱夫妻，哪怕经历人生的风霜刀剑，起码他们的心永远在一起。

远处的江面上传来了刘采春的《啰唝曲》，歌声悲戚而伤感，像极了年轻时候的刘采春，可惜的是，她回不去了。

姚月华 （唐）／《怨诗效徐淑体》

妾生兮不辰，盛年兮逢屯。寒暑兮心结，夙夜兮眉颦。

循环兮不息，如彼兮车轮。车轮兮可歇，妾心兮焉伸。

杂沓兮无绪，如彼兮丝棼。丝棼兮可理，妾心兮焉分。

空闺兮岑寂，妆阁兮生尘。萱草兮徒树，兹忧兮岂泯。

幸逢兮君子，许结兮殷勤。分香兮剪发，赠玉兮共珍。

指天兮结誓，愿为兮一身。所遭兮多舛，玉体兮难亲。

损餐兮减寝，带缓兮罗裙。菱鉴兮慵启，博炉兮焉熏。

整袜兮欲举，塞路兮荆榛。逢人兮欲语，鞜匝兮顽嚚。

烦冤兮凭胸，何时兮可论。愿君兮见察，妾死兮何瞋。

姚月华在唐代的女诗人中并不出众，流传的作品也不多，仅有六首，勉强称得上女诗人的名号。

甚至在唐代的史书里，关于姚月华的生平记载也难以寻觅，连生卒年、家乡等都无法考究，如《红楼梦》中香菱一般，让人可怜可叹。

不过，元代人伊士珍所撰的古典小说《琅缳记》中，却有一段关于姚月华的记载："笔札之暇，时及丹青。花卉翎毛，世所鲜及。然聊复自娱，人不可得而见。尝为杨达画芙蓉匹鸟，约略浓淡，生态逼真。"

据说此女曾经做过一个奇怪的梦，梦见月落妆台，醒来后便聪明过人，过目成诵，不久还能作文赋诗，成为一个不可多得的才女。这显然只是后人的附会罢了，世间女子如果做一个梦就能聪明百倍，那么人人皆可不用做任何后天的努力，而是每日与枕头为伴，期盼上天能带来好梦成真了。

但姚月华出身并不高贵，这是真实的，她的才华，或许来自于先天颖悟，或许来自于后天的努力，而且，她的才华不只局限于诗词歌赋，更擅长于丹青，尤其擅画芙蓉。

这样的女子，在唐代那个个性张扬、风气开放的时代是要青史留名，轰动京城的，如鱼玄机、李冶等人一般。然而，姚月华却显得沉默而安静，仿佛她的出现，只为固守着她与邻舟书生杨达那一段纯洁而质朴的爱情。

在最美好的年华里，姚月华曾跟随父亲渡过扬子江，船行过江时，姚月华邂逅了邻舟一位名叫杨达的书生。一个是青年才俊，一个是女中翘楚，就这样不经意间，他们心生爱慕，一见钟情。

爱情就是这样，对于鱼玄机来说求之不可得，对于姚月华来说却悄然而至，她忐忑而欣喜地接受了来自杨生的爱慕，像一只羞涩的鸟儿，腼腆地将美丽的羽毛藏在了身后。

初恋对于每个人来说都是美好的，尤其对于敏感而多才的女子，爱情则显得更加诗意而细腻，姚月华的初恋，是"金刀剪紫绒，与郎作轻履。愿化双仙凫，飞来入闺里"的誓言，是"月落星稀竟不来，烟柳瞳胧鹊飞去"的思念，是她亲手为心爱之人纳鞋底时的甜蜜与羞涩，是她在收到情人和诗时的欣喜与浪漫。

姚月华的爱情又是大胆的，她大胆地在诗中吟唱"幸逢兮君子，许结兮殷勤。分香兮剪发，赠玉兮共珍"，并"指天兮结誓，愿为兮一身"，这种大胆而直白的表述，有点类似于南北朝民歌中的南朝女子，虽然时代不同，但对于爱情的领悟却是古今同一的。

因为爱得深沉，所以当离别来临时，痛苦也就更加深刻，相思时的姚月华，一方面"损餐兮减寝，带缓兮罗裙"，一方面又恨不得"整袜兮欲举，塞路兮荆榛。逢人兮欲语，辄匝兮顽嚚。"这种烦恼日积月累，她却只希望有个人明白自己的苦心就好——"愿君兮见察，妾死兮何瞑"。

姚月华留存的六首诗歌，全部都是与杨达的唱和诗，如《怨诗寄杨达》一首写道："春水悠悠春草绿，对此思君泪相续。羞将离恨向东风，理尽秦筝不成曲。与君形影分吴越，玉枕经年对离别。登台北望烟雨深，回身泣向寥天月。"由此可见，爱情已成为她生命的全部，一旦与情人分离，便只能"登台北望烟雨深，回身泣向寥天月"，后人虽然对姚月华的身世、经历都不了解，却能从这些情深义重的诗歌中，读出一个女子的痴心。

姚月华的诗，或许可以起个名字，就叫《我的爱情独白》吧。

张窈窕（唐）／《上成都在事》

昨日卖衣裳，今日卖衣裳。

衣裳浑卖尽，羞见嫁时箱。

有卖愁仍缓，无时心转伤。

故园有庐隔，何处事蚕桑。

唐代诗人秦韬玉有一首名为《贫女》的作品，诉说出身贫贱的女子悲惨的处境和难言的苦衷：蓬门未识绮罗香，拟托良媒益自伤。谁爱风流高格调？共怜时世俭梳妆！敢将十指夸针巧，不把双眉斗画长。苦恨年年压金线，为他人作嫁衣裳！

最后一句"为他人作嫁衣裳"尤为读者所熟悉。秦韬玉展现的是贫贱女子高贵的品格以及对社会不公的控诉——这是男子笔下的贫女形象，男人在抒发对贫女的无限同情时总忘不了寄托自己怀才不遇、寄人篱下的感慨。

而张窈窕笔下的《上成都在事》，却是真正的"以我手写我心"，真实地展现贫贱女子的现实困境而内心痛苦，相比前者，更为真实而直接。

唐代的才女，大多出身于仕宦贵族之家，即便身世凄凉如薛涛、鱼玄机等人，也是名声在外，受到众多文士的追捧与帮助，大多不必忧愁生活的来源，其中如黄崇嘏、李冶、鱼玄机等人，更是活得潇洒自如胜过男子，她们追求的是精神世界的自由和满足，在物质生活方面则显得有些不食人间烟火。

张窈窕也是身世堪怜的女子，早年身经离乱，漂泊他乡，与薛涛、刘采春等人一样，也曾沦落风尘，卖笑为生。随着容颜的逐渐老去，她不得不结束了迎来送往的生活，寓居于蜀地，典衣度日。

即便是在盛唐那样自由开放、女性地位较高的朝代，一个年老色衰的妓女想要从良，也不是一件容易的事，何况张窈窕是一个腹有诗书的女子，才气既为时人所雅相推重，她便不愿草草嫁与凡夫俗子，以了此生。从她留下的诗歌来看，她是渴望爱情并有过自己心上人的，她曾经在《赠所思》一诗中写道：

"与君咫尺长离别，遣妾容华为谁说。夕望层城眼欲穿，晓临明镜肠堪绝。"

能将相思之情写得如此深刻而绝望，可见爱情在她心中的分量。尽管历史没有记载张窈窕的情人究竟是谁，但读者依然可以突破历史的烟云去想象属于这个多情女子的一段浪漫爱情：他或许是她接待过的无数个恩客之一，樽前枕上，他们诗文唱和，海誓山盟，发誓有朝一日一定要朝夕相处。他在一个多雨的季节悄然离去，从此一去不返，而属于她的日子，便只剩下夜以继日的期盼和日复一日的失望。

直到有一天，她绝望了，并留下了这样的诗句："淡淡春风花落时，不堪愁望更相思。无金可买长门赋，有恨空吟团扇诗。"她离开妓院，独居蜀地，走上了烟花女子最悲惨的一条道路：贫困交加，忧伤以终老。

这首《上成都在事》，便写于张窈窕寓居成都的贫贱生活中。一句"昨日卖衣裳，今日卖衣裳"，往返复沓，将作者窘迫的境界展现得淋漓尽致，读之让人鼻酸。"衣裳浑卖尽，羞见嫁时箱"，更胜一筹，让人联想到的不仅是眼下的窘迫，更是今后生活的毫无着落。"有卖愁仍缓，无时心转伤。故园有房隔，何处事蚕桑。"衣服卖完了，以后靠什么维持生计呢？作者想到的是自己的一双手，或许还可以通过辛勤的劳动来填报肚子，满足自己的口腹之欲吧，可是，这兵荒马乱的世界，人人流离失所，又到何处去寻找生计呢？

生活已经将这个身世堪怜的女子逼到了绝路，放眼未来，连读者也不知道生路何在。比起秦韬玉的《贫女》，张窈窕的《上成都在事》写得更为深刻而直接，不仅让人对贫贱女子的命运深深同情，更让人思索其深层的社会原因，比起杜甫那些感人至深的"三吏"、"三别"诗，丝毫也不逊色。

史书上没有记载张窈窕的结局，然而从诗中的内容来看，她应该没有逃脱悲惨的命运，或许也像一代名伶赛金花那样，在穷困潦倒中病逝吧。

李治（唐）／《八至》

至近至远东西，至深至浅清溪。
至高至明日月，至亲至疏夫妻。

李治，名季兰，史志记载，她"美姿容，神情萧散，专心翰墨，善弹琴，尤工格律"。

这样的女子，如果长在诗书礼仪之家，一定会成长为班昭、蔡文姬那样的女子，相夫教子，崇尚礼仪，是典型的贤妻良母。

然而，李治却在道观中长大，当她情窦初开，初悟人生的时候，她明白自己的生命已被贴上了一个标签：女道士。

正因如此，后人或许难以想象，一个出身道观的女子怎么会写出"至近至远东西，至深至浅清溪。至高至明日月，至亲至疏夫妻"的诗句。这首《八至》诗打动人的地方，不在于它传达了多么深厚的情意，也不在于作者使用了多么美妙的词语，而在于简简单单二十四个字，却道出了人生中最寻常不过的道理。

在这个世界上，离我们最近的，同时也是最远的。东、西只是两个地方方位词，它可以因参照物的变化而产生远近的不同，可以间隔为零，也可以是天涯海角。朴素的诗句里包含着深刻的哲理，让人联想起先秦时期的辩证法。

一湾清溪，可以说它深，也可以说它浅。说它深的时候，它可以将花鸟虫鱼、日月星辰都包括进去，仿佛是这个世界上最遥远而不可触及的东西；说它浅的时候，你只要伸出一只脚，就可以踩入溪底，如同这变幻莫测的人情社会，让人难以捉摸。

日月，是这个世界最明亮、最高渺的事物，但一旦失去了日月的陪伴，人类社会将变得不可想象。这个道理似乎很浅显，但实际上却是自然界最复杂的事物。

最后，一切的辩证都将归结为一点——"至亲至疏夫妻"。这各种伦理关系上看，夫妻都是这个世界上最亲密的，可是，如果他们的心不能在一起，哪怕日日同床共枕，也如同两个人相隔天涯的陌生人，无法融为一体。

很难相信没有经历过婚姻的人会明白如此深刻的夫妻间的道理，但李冶作为女道士，虽然没有体会过婚姻之实，却真真切切地体会过爱情的滋味——她与茶圣陆羽的爱情。

陆羽是从佛门中走出来的孩子，从小被智积禅师抚养长大，但他喜爱诗书，不为清规戒律所束缚，还在读书的同时开始研究茶道，他不愿剃发为僧，常常躲在僻静处诵读诗书，并偷偷地学习冲茶的技艺。

就是在这个过程中，他认识了女道士李冶。

当时，由于受到唐代开放思想的影响，李冶已经成为道观中"交际花"似的人物，与她来往的当朝名士非常多，李冶的名气也越来越大。在来往的名士中，李冶唯独对其貌不扬、甚至还有些口吃的陆羽眉目传情，这不禁让世人为之惊讶。

真正打动李冶的不是别的，而是陆羽的温柔体贴。那一次，恰逢李冶重病，躺在病榻上的她急切希望有个知心的人能陪陪自己，说说心里话，但那些素日往来频繁的名士一听李冶重病就唯恐避之不及，只有陆羽听说后连忙赶到李冶身边，亲自煎好汤药为她服下，并日日陪在身边，替她排解愁闷，病愈后的李冶十分感激，从此认定了自己生命中最重要的那个人——陆羽，并写下了这样的诗句："朝云暮雨两相随，去雁来人有归期；玉枕只知常下泪，银灯空照不眠时。仰看明月翻含情，俯盼流波欲寄词；却忆初闻凤楼曲，教人寂寞复相思。"

陆羽俘获才女李冶的芳心，自然十分高兴，两人很快坠入爱河之中，谈论诗词歌赋，品评天下茶水，日子过得潇洒而惬意。不过，尽管两人十分亲密，但他们从来没有想过有一天要结合在一起。

碍于各自的身份，他们不可能最终结合在一起，但这并不妨碍李冶享受爱情的心情。他们常常相对终日，静坐煮茶品茗，彼此感受对方的心意。与陆羽相处的日子里，李冶还认识了陆羽的另一个好朋友——诗僧皎然，皎然擅长诗词，与李冶志趣相投，多情的李冶对他也十分钟情，三人在一起的时候，李冶常常眉目传情，表达内心的倾慕，但皎然不为所动，李冶失望之余，只能长叹一声："禅心已如沾泥絮，不随东风任意飞。"

了解了这些，后人或许不再惊讶李冶能写出如此深刻的《八至》诗，她是如此执着地追求着这世间最美好的情感，不拘于形式，不在乎生命富贵，所以才能得出"至亲至疏夫妻"的人生结论。

李冶还有一首《相思怨》，同样也能体现她对爱情的执着追求——"人道海水深，不抵相思半；海水尚有涯，相思渺无畔。携琴上高楼，楼虚月华满；弹着相思曲，弦肠一时断。"

花蕊夫人（五代·蜀）／《述国亡诗》

君王城上竖降旗，妾在深宫哪得知？
十四万人齐解甲，更无一个是男儿。

提起五代十国里的后蜀，让人印象深刻的或许不是一代王朝里的千古帝王，也不是建功立业的文臣武将，而是一个如花似玉的女子——花蕊夫人以及她的《述国亡诗》。

这首诗写于后蜀国破，花蕊夫人被掳入北宋之时，当花蕊夫人当着宋太祖赵匡胤的面写下"十四万人齐解甲，更无一个是男儿"时，她或许还会想起，她与后主孟昶在蜀宫中度过的那些优容岁月。

那是她人生中最欢乐的日子，日日笙歌，夜夜美酒，而他生性是一个喜爱热闹、懂得享乐之人，他要用教坊歌妓、词臣狎客，处心积虑地装点出一幅升平和乐的景象。

她只是一个歌妓出身的女子，却因容貌美丽、颇富才情而成为后蜀后主孟昶的贵妃，集三千宠爱于一身。这种宠爱，丝毫不逊于唐玄宗宠爱杨贵妃。他们也常常在夜凉如水的夜晚，并身于宫殿深处，谈事论文，情意绵绵。

她才思敏捷，长于宫词，面对宫中夏夜清风袭来，疏星满天的美景，曾留下过"冰肌玉骨清无汗。水殿风来暗香满。帘开明月独窥人，欹枕钗横云鬓乱。起来琼户启无声，时见疏星渡河汉。屈指西风几时来，只恐流年暗中换"（调寄《木兰花》）的诗句，引得孟昶称赞不已。

她心思灵巧，善解人意，而且体贴入微，她知道孟昶每月都要吃素食，尤其喜欢薯药，便命人将薯药切成片，用莲粉拌匀，同时加用五味，闻之清香扑鼻，嚼之味酥而脆，观之则洁白如银，望之如月，因此宫中称为"月一盘"。

总之，花蕊夫人集杨贵妃的性感与江采萍的才情于一身，是个不可多得的可人儿。后蜀虽然偏安于一隅，但蜀地山水风光，远胜中原，孟昶即位后又十年不见烽火，不闻干戈，加之蜀地物产丰富，五谷丰登，这宫中帝妃的生活，自然是享不尽的富贵与繁华。

这一切的一切，也记载在花蕊夫人的诗作《宫词》中，在这篇长篇作品，花蕊夫人写道："五云楼阁凤城间，花木长新日月闲。三十六宫连内苑，太平天子住昆山。会真广殿约宫墙，楼阁相扶倚太阳。净瓮玉阶横水岸，御炉香气扑龙床。龙池九曲远相通，杨柳丝牵两岸风。长似江南好风景，画船来去碧波中。东内斜将紫禁通，龙池凤苑夹城中。晓钟声断严妆罢，院院纱窗海日红。殿名新立号重光，岛上亭台尽改张。但是一人行幸处，黄金阁子锁牙床。夹城门与内门通，朝罢巡游到苑中。每日日高祇候处，满堤红艳立春风。厨船进食簇时新，侍宴无非列近臣。日午殿头宣索鲙，隔花催唤打鱼人。立春日进内园花，红蕊轻轻嫩浅霞。跪到玉阶犹带露，一时宣赐与宫娃。三面宫城尽夹墙，苑中池水白茫茫。直从狮子门前入，旋见亭台绕岸傍。离宫别院绕宫城，金版轻敲合凤笙。夜夜月明花树底，傍池长有按歌声。御制新翻曲子成，六宫才唱未知名。尽将觱篥来抄谱，先按君王玉笛声。旋移红树斫新苔，宣使龙池更凿开。展得绿波宽似海，水心楼殿胜蓬莱。太虚高阁凌虚殿，背倚城墙面枕池。诸院各分娘子位，羊车到处不教知。修仪承宠住龙池，扫地焚香日午时。等候大家来院里，看教鹦鹉念新诗。才人出入每参随，笔砚将行绕曲池。能向彩笺书大字，忽防御制写新诗。六宫官职总新除，宫女安排入画图。二十四司分六局，御前频见错相呼。春风一面晓妆成，偷折花枝傍水行。却被内监遥觑见，故将红豆打黄莺……"

无数次欢乐过后，花蕊夫人也曾多次劝说孟昶励精图治，以防敌国入侵，但安于享乐的孟昶哪里有励精图治的样子？他忙着挟弹骑射，游宴寻诗，忙着广征蜀地美女以充实后宫，忙着给成千上万的宫女支付买花钱，哪有时间居安思危？每当花蕊夫人正眼相劝时，他总是付之一笑，毫不在意地说："爱妃多虑了，蜀地山川险固，易守难攻，敌国哪里这么轻易奈何得了呢？"

孟昶是个风流帝王，但三国蜀国后主刘禅"乐不思蜀"的故事，他还是读过的，连三分天下的蜀国都无法凭借山川之险抵御司马氏的进攻，小小的后蜀又如何抵御赵匡胤的精兵强将？他之所以这么说，一是为了安慰爱妃，二是安慰自己，姑且享受了眼前这欢乐时光吧。

在这样的安慰与自我安慰中，他们的欢乐走到了尽头。

宋太祖乾德二年（公元964年）十一月，宋太祖赵匡胤命忠武节度使王全斌率军六万进攻蜀地，蜀军溃不成军，用孟昶的话说便是："我父子以丰衣足食养士四十年，一旦遇敌，竟不能东向发一矢！"

就这样，从赵匡胤发兵之日算起，仅66天，安于享乐的后蜀政权便不复存在。当孟昶、花蕊夫人与司空平章李昊一行三十三人被押赴汴梁时，正是"绿柳才黄半未匀"的时候，他们回望这早已归属他人的蜀宫风景，心中百感交集。

到了汴梁后，孟昶很快暴病身亡，而美艳惊人的花蕊夫人却活了下来。赵匡胤久闻花蕊夫人艳绝尘寰，早已垂涎三尺，恨不能一见，如今美人成为阶下囚，自己也可以一遂心愿了。

当赵匡胤在汴梁的宫廷中召见花蕊夫人时，他看到的却是一个全身缟素的女子，明眸皓齿，冰肌玉骨，眼神中还流露出悲戚和坚毅。只看了一眼，赵匡胤便决定将此女留在宫中，命其侍宴，并让她即席吟诗，以显才华。

身不由己的花蕊夫人不敢抗命，她想起初离蜀宫的日子，便含着泪缓缓吟道："初离蜀道心将碎，离恨绵绵，春日如年，马上时时闻杜鹃。三千宫女皆花貌，共斗婵娟，髻学朝天，今日谁知是谶言。"

原来，在蜀宫时孟昶亲谱"万里朝天曲"，并将其当作万里来朝的佳谶，以至于宫中侍女，也纷纷梳高髻，取名为"朝天髻"以邀宠，没想到一语成谶，所谓"万里朝天"，竟是万里降宋，此情此景，怎不令人掩怀叹息？

连宋太祖赵匡胤听完这首词，也为词中的伤感所打动，他沉默不语，连饮三杯后，又对花蕊夫人说道："你再做一首新的。"

泪花点点中，花蕊夫人轻启朱唇吟道："君王城上竖降旗，妾在深宫哪得知；十四万人齐解甲，更无一个是男儿。"

这样的故国之思、亡国之痛，搅得赵匡胤的宴会根本无法继续下去了，他只好命人撤去宴席，从此将花蕊夫人留在宫中，不久便将她封为贵妃。

可是，这个贵妃早已不是当年的贵妃，经历过亡国之痛的花蕊夫人再也没有成为宠妃的心境了。她忘不了昔日与孟昶的种种恩情，便亲自画出孟昶的遗像，日日祭奠，含泪诉说相思之情，直到有一天被宋太祖发现，她不得不谎称是张仙。

这个感人至深的故事最后竟然有了一个让人哭笑不得的结局：花蕊夫人供奉张仙的事情传出后，宫中人人效仿，希望能早生皇子，甚至民间也开始流传张仙送子的故事。后人写诗这样感慨道："供灵诡说是神灵，一点痴情总不泯；千古艰难惟一死，伤心岂独息夫人。"

谢希孟（北宋） ／《芍药》

好是一时艳，本无千岁期。

所以谑相赠，载之在声诗。

这首诗是一个薄命女子的人生写照，其写作者年仅 24 岁便撒手人寰，唯有流传下来的 100 多首诗歌，能让今人读出一个遗世独立的才女的神韵。

欧阳修曾经这样评价过她："希孟之诗，尤隐约深厚，守礼而不自放，有古幽闲淑女之风，非特妇女之能言者也。"能得到北宋一代文豪如此中肯的评价，谢希孟的在天之灵，或许会增添几许安慰吧。

欧阳修是怎样得到谢希孟的诗歌的呢？原来，谢希孟的哥哥谢伯景也是一个喜爱诗歌的人，他是欧阳修的至交好友，一次偶然的机会，与欧阳修谈到妹妹谢希孟的才华，谢伯景便拿出妹妹生前珍藏多年的 100 多首诗歌，欧阳修一一度过，赞不绝口，当他得知作者已经早逝，不由拍卷叹息。他不忍如此优秀的诗作默默无闻于世间，便提笔写下《谢氏诗序》："然景山尝从今世贤豪者游，故得闻于当时，而希孟不幸为女子，莫自彰显于世，昔庄姜、许穆夫人录于仲尼，而列于'国风'，今有杰然巨人，能轻重时人而取信于世者，一为希孟重之，其不泯没矣。予固力不足者，复何为哉！复何为哉！"

怪不得欧阳修为谢希孟鸣不平，出身于泉州晋江的她，不仅生平事迹早已随着时间而湮没，无人知晓，文学史上更没有她的一席之位。她的生命如同划过世间的一道电光，虽然时间短暂，却极为亮丽。从她流传的诗歌中可以看出，她喜欢五言，诗中有闺阁气，诗风古朴悠远，因此欧阳修才会称赞她"有古幽闲淑女之风"。

古人云："诗言志"，当读者捧起谢希孟的诗歌，一个悠闲贞静的女子便会出现在眼前，她眉尖若蹙，却没有寒酸气；她眉目含情，却不具风流韵；她是隐藏于福建的大家闺秀，还没来得及享受爱情便过早地离开了人世。

然而，她也有少女的情怀，少女的幽思，她的内心世界，不是"知否知否？应是绿肥红瘦"的惆怅，不是"易求无价宝，难得有心郎"的感慨，不是"尔今死去侬收葬，未卜侬身何日丧"的伤感，而是对大自然的无比喜爱与眷念。

从清人所编的《宋诗纪事》中，我们可以读到谢希孟一首完整的五言《芍药》，以及《牡丹》、《蔷薇》、《踯躅》、《凌霄》、《朱槿》、《曼陀罗花》、《蝴蝶花》等7首五古残句。从诗歌的题材来看，这是一个珍惜生命、惜花如命的女子。

她在《牡丹》一诗中吟咏道："为花虽可期，论德亦终鲜。"世人皆爱牡丹的富贵雍容，唯有谢希孟认为牡丹"论德亦终鲜"，不以富贵为意。诚然，谢希孟本身就不是如牡丹般雍容华贵的女子，又如何去欣赏那热闹场中的种种风情呢？她爱惜的，是如同闺中女儿一样的羞涩与清丽，是"出淤泥而不染"的气节。

她在《蔷薇》一诗中说："勾牵主人衣，一步行不得。"蔷薇喜欢开在墙角，虽然卑微，但那种美丽却是惊心动魄的，一句"勾牵主人衣"，将蔷薇娇羞迷人的姿态描写得惟妙惟肖，更让人联想到作者本人的羞涩依依。当年的谢希孟，也是如蔷薇一般的娇羞的女子，甚至连出门也要牵住母亲的衣服，不肯露出自己的容颜。

她在《凌霄》一诗中说："树既摧为薪，花亦落为尘。"在《朱槿》一诗中说："艳阳一时好，零落千载冤。"这便是对美好生命的怜惜与不舍。她的一番怜惜之情，不仅针对花，还针对树，只有善良天真的少女情怀，才能如此在乎这生命中最卑微的东西，并将这种怜惜之情，写得如此动人心魄。

遗憾的是，这些诗歌都只剩下残句，读者无法得览全诗的神韵。而唯一完整的只有一首《芍药》："好是一时艳，本无千岁期。所以谑相赠，载之在声诗。"

表面上是咏芍药，实际上却是在吟咏自己的一生，这一点，或许连作者都没有想到。"好是一时艳，本无千岁期"，她的人生如同芍药一样绽放过，却很快凋零，让人深深地叹息。"所以谑相赠，载之在声诗。"言下之意是，我爱惜它短暂的生命，所以将它写入诗歌中，加以吟咏。细细品来，作者本身何尝不是如此呢？她什么也没有留下，唯有那些动人的诗歌，连同曾经的青春年华，成为她存在过的唯一痕迹。

曹希蕴（北宋）／《西江月·灯花》

零落不因春雨，吹嘘何假东风。纱窗一点自然红。费尽工夫怎种。

有艳难寻腻粉，无香不惹游蜂。更阑人静画堂中，相伴玉人春梦。

同是女道士，身在唐代与身在宋代有着天壤之别，倘若不信，可以对比鱼玄机、李冶等人与曹希蕴的命运。

她们追求自由，向往爱情，潇洒快活胜过男子，而她隐遁世间，寂寞如同苦行僧；她们与名士交往，每日宴饮游乐，快意恩仇；而她悄无声息隐藏在少室山玉华峰，甚至连家人都不知道她的去处；她们是道观中的交际花，声名在外，而她庄严肃穆，即便文才出众，时人也无法知晓，直到 20 世纪，她的名字才为广大道教研究者以及气功爱好者所熟知。

她们是在少年时代，无奈中被父母送入道观，而她则是在十五岁那年，"尝谓处世居家，均在樊笼，因不愿嫁，脱身遁去。"如果说，李冶等人是被迫脱离红尘又不甘远离红尘俗世的种种快乐，那么曹希蕴则是自愿逃离红尘俗世中的一切。

究竟是什么原因让曹希蕴不愿面对婚嫁？是对于男性世界本能的恐惧？还是对爱情与生俱来的怀疑？这些，史书中没有记载，后人只能从她的诗词里做出种种猜测。二十一岁那年，她隐身于少室山玉华峰，直到有一天为生计所迫，她才不得不离开少室山，游历天下，以卖文为生。

曹希蕴是宋初大臣曹利用之族孙，曹利用出使契丹议和有大功，所以宋真宗曾经赐了一座位于京都普惠坊的宅地给他。一般来说，出身这样贵族之家的女子，倘若不是被生活逼到一定程度上，是不会走上街头，卖字为生，一旦被寻觅她的家人发现，又会怎样呢？

但曹希蕴的独特就在这里，她宁可遁居深山孤独终老，也不愿享受世俗世界的快乐；她宁愿抛头露面卖诗为生，也不愿享受本应属于她的衣食无忧。

而文学才华，也成为曹希蕴维持生计的唯一手段。从她早年时期的作品中可以看出，曹希蕴并不是个心如止水的女子，她在《新月》一诗中写道："禁鼓初闻第一敲，乍看新月出林梢。谁家宝鉴新磨出，匣小参差盖不交。"用"宝鉴新磨"来比喻刚出林梢的新月，显得新奇而巧妙，唯有兰心蕙质的女子，才能想出如此美妙的比喻。

京都街头突然出现了一个擅长诗文的年轻道姑，这对于当时的京都文坛来说当然是一个巨大的新闻，并首先引起了大文豪苏轼的注意。自古才子多风流，为了一睹女道姑的学识和风采，苏轼特意邀请了几位文坛好友前去拜访，一见之下，果然名不虚传，只是这道姑一脸庄严肃穆，完全不像市井中那些舞文弄墨的轻薄女子，她淡泊自守的样子，根本不是这红尘俗世中的人，苏轼等人在欣赏之余不禁又多了几分敬重。

苏轼曾经在《书曹希蕴诗》说："近世有妇人曹希蕴者，颇能诗，虽格韵不高，然时有巧语。尝作《墨竹》诗云：记得小轩岑寂夜，月移疏影上东墙。此语甚工。"

而曹希蕴的词作中最为优秀者，莫过于这首《西江月·灯花》。灯花，似花非花。它的盛开比花更艳丽，但它的凋零却比花来得更快更直接。曹希蕴抓住了灯花这一特点，上片注重描写灯花的生命历程。"零落不因春雨，吹嘘何假东风"一句，道出灯花与大自然之花的区别，灯花的存在，与季节、与气候没有丝毫的关系，仿佛是天然妙成，让人无比羡慕和喜爱。"纱窗一点自然红。费尽工夫怎种。"更是写出了灯花的独特韵味，只要一点微弱的光，它就可以染红整个纱窗，然而如此美妙的灯花，不是人工可以造就，即便是能工巧匠，也无人能够种出，更显灯花的奇妙难得。

下片写灯花本身的品性，字里行间透露出诗人本身的审美情趣道德情操。"有艳难寻腻粉，无香不惹游蜂。"灯花有艳无香，恬静自然，淡泊自守，而不像自然界之花，凭着艳丽的姿容和一缕幽香，处处招蜂引蝶。这难道不是曹希蕴自身的写照吗？即使出身名门，才华横溢，但她追求的却是一种冷僻孤寂的人生，一种自甘淡泊的境界，因为，她不是这红尘俗世里万紫千红的花，而是非人工做能得的灯花，有艳无香。"更阑人静画堂中，相伴玉人春梦。"属于灯花的时间，是更阑人静的时候，是玉人春梦中，一到天明，人们便再也无法寻觅灯花的痕迹，它不属于白天而属于黑夜，却在人们的春梦中洒下点点光辉，装扮了无数个伸手不见五指的夜晚。

曹希蕴还有一首《踏莎行》，同样描写的也是灯花，词中写道："解遣愁人，能添喜气。些儿好事先施力。画堂深处伴妖娆，绛纱笼里丹砂赤。有艳难留，无根怎觅。几回不忍轻轻别。玉人曾向耳边言，花有信、人无的。"此诗的意境与《西江月》一词相近，但语言更为活泼，由此也可以看出曹希蕴对灯花的无比喜爱——因为它无比契合女诗人本身的"仙姑"气质。

曹希蕴仙姑的名号就这样流传了出去，而她写作诗文时，署名也往往是"曹仙姑"，这个"气质美如兰，才华馥比仙"的女子最终还受到了宋徽宗的褒奖，并赐名道冲，诏加号"清虚文逸大师"、"道真仁静先生"，她的《文逸曹仙姑大道歌》、《曹希蕴歌诗集》等作品则流传于世，供后人传诵。

魏玩（北宋）／《菩萨蛮》

溪山掩映斜阳里。楼台影动鸳鸯起。隔岸两三家，出墙红杏花。

绿杨堤下路，早晚溪边去。三见柳绵飞，离人犹未归。

魏玩，字玉如，世家女子，北宋女词人，北宋宰相曾布之妻，人称魏夫人。

无论是出身，还是婚嫁，抑或才华，她都丝毫不逊于李清照。

正因如此，朱熹曾将魏玩与李清照并提，并说道："本朝妇人能文者，唯魏夫人及李易安二人而已。"这句话，经过清代人陈焯进一步解释，便成了："魏夫人词笔颇有超迈处，虽非易安之敌，亦未易才也。"

李清照的诗词题材广阔，以南渡为分界，呈现出不同的特点，而魏玩的作品则以闺思为主，题材相对狭窄，这固然与二人的生活经历有关，更与二人所嫁之夫有关。

李清照的丈夫赵明诚虽为宰相之子，但其实与政坛没有太大的关系，而是一个著名的金石学家与古文字研究家，夫妻二人在一起，以研究学问为主，兴趣相投，琴瑟相合，幸福美满。何况，赵明诚也是个知情知趣的人，从集市上淘来一本难得的古籍，也要带回家中与妻子共同欣赏；闲暇时便指着满屋的书籍互相考问对方，谁答对了，便品一杯清茶。这样如诗如画的日子，是同为才女的魏玩做梦都想得到的。

不幸的是，她的丈夫虽与"唐宋八大家"之一的曾巩为异母兄弟，却志趣大不相同，是一个名副其实的政客，官至宰相。此外，他还是王安石变法的重要支持者与得力助手，很多新法的条例便出自曾布之手，所以王安石曾这样说："自议新法，始终言可行者，曾布也；言不可行者，司马光也；余皆前附后叛，或出或入。"

在北宋的政治舞台上，改革派与守旧派的争斗始终没有停息过，从王安石的三次罢相便可看出，作为变法积极支持者的曾布也不可能一帆风顺，他与宋徽宗的关系十分微妙，甚至受到过蔡京的排挤，甚至因此而被贬官。

政治生活几乎占据了曾布人生的全部，他是没有心情陪妻子享受诗情画意般的生活的。

倒也不是曾布不懂风情，不喜诗词歌赋，他也偶尔填词作赋，而且不乏优秀的作品，自是，繁忙的公务已经占据了他的大部分时间，在名利场上苦苦挣扎的他，哪有时间陪妻子吟风弄月呢？

更何况，随着曾布四处为官，夫妻二人聚少离多，感情上也越来越陌生，才女魏玩幻想中那种浪漫的日子，迟迟都没有到来——这便是才女魏玩苦闷的由来。有道是："人间烦恼识字始"，如果魏玩是一个粗通文墨的女子，没有那些敏感多情，她或许会过得快乐的多；如果魏玩只是一个追求物质的女性，那么曾布完全可以满足她，她的人生也会自在安逸，没有太多非分之想。

但偏偏她是一个才女，饱读诗书敏感多情的才女，一个渴望着花前月下卿卿我我的痴情女子，她追求的不是物质世界的灯红酒绿，不是名利世界里的诰命夫人，更不是儿孙满堂绕膝下的慈母之情，而是一个年轻女性发自内心对爱、对情趣、对自由以及对所有生命的钟情与热爱。

但偏偏就是这些，曾布给不了他。

如果魏玩嫁的是苏轼，哪怕随着丈夫远走天涯海角，她也会心甘情愿，并自认会比王朝云更知情知趣。苏轼一生宦海沉浮，但他从未在名利场中忘却自己的本真。如果魏玩嫁的是秦观，即使屡次遭贬，生活困顿，她也会毫不在意地将它们当作生活的磨炼。夫妻间若是志趣不投，便如李治诗歌中所写的那样"至亲至疏夫妻"，虽近在咫尺，却好似远在天涯了。

寂寞的人生，魏玩只能将一腔苦闷寄托在诗词之上，正如这首《菩萨蛮》所展现的那样。

"溪山掩映斜阳里，楼台影动鸳鸯起。"以美景起兴，在斜阳的映照之下，溪中呈现出青山美丽的倒影，远处的楼台倒映在水中，却被一对嬉戏的鸳鸯划动水波，变得摇摇欲坠起来。有了"鸳鸯"二字整个画面就有了动感，同时也点明了闺思的主题。如果说前两句描绘的是动景的话，那么后两句主要描绘的是静景——"隔岸两三家，出墙红杏花"，溪水的两岸，有两三户人家，绿杨轻拂着堤岸，远处更是"一枝红杏出墙来"的美景，展示着这春天里的勃勃生机。

下片由景入情，将女子的闺思展现了出来。"绿杨堤下路，早晚溪边去。三见柳绵飞，离人犹未归。"在这绿杨下的河堤，作为诗人的魏玩是常常走过的，然而，已经是第三次看见柳絮飘飞，那远去的人儿却依然不见归来。何况，"柳"与"留"谐音，这女子的相思里，包含着多少眷念不舍与翘首而盼啊。

让人遗憾的是，如此情深义重展现闺思的词，曾布却没有时间细读，他忙着官场上的尔虞我诈，纸醉金迷，忙着为自己的仕途铺平道路，却忘了回首相望，那深闺中的女子，是如何地将他放在心上。

魏玩还有一首《卷珠帘》，展现的同样是深闺生活的寂寞："记得来时春未暮，执手攀花，袖染花梢露。暗卜春心共花语，争寻双朵争先去。多情因甚相辜负，轻拆轻离，欲向谁分诉。泪湿海棠花枝处，东君空把奴分付。"

只是，这些词也只能成为魏玩的心灵独白，既打动不了那个混迹于官场的丈夫，也无法改变自己寂寞独居的命运。

魏玩（北宋）／《虞美人·草行》

鸿门玉斗纷如雪，十万降兵夜流血。咸阳官殿三月红，霸业已随烟烬灭。

刚强必死仁义王，阴陵失道非天亡。英雄本学万人敌，何用屑屑悲红妆。

三军败尽旌旗倒，玉帐佳人坐中老。香魂夜逐剑光飞，清血化为原上草。

芳心寂寞寄寒枝，旧曲闻来似敛眉。哀怨徘徊愁不语，恰如初听楚歌时。

滔滔逝水流今古，楚汉兴亡两丘土。当年遗事总成空，慷慨尊前为谁舞。

俗语说："惺惺惜惺惺，好汉惜好汉"，而这个世间的奇女子，同样也是惺惺相惜的，林黛玉悲题五美吟如是，魏玩哀悼虞美人如是。

所谓咏史诗，是以历史故事为题材，通过对历史的品评和感悟来寄托个人的情怀，咏史诗分为述古、怀古、览古、感古、古兴、读史、咏史等多种，好的咏史诗，不仅是对历史的评判，也是对当下社会的一种关怀和写照。

在古代女诗人的创作内容中，咏史诗所占的分量较少，一般的女子，能写几首闺情、闺怨诗便可以称得上颇通文墨，而唯有饱读诗书、博古通今的女子才能有足够的才力咏史怀古，指点江山。

魏玩当然称得上这样的女子。但她选择的并非功臣名将，抑或江山易主的历史大事件，而是将关注的目光集中到秦末的那一段可歌可泣的历史：楚霸王与虞美人的千古风流。

自从虞姬自刎乌江，楚霸王坚持战死，这一对痴情儿女便不知赚走了古往今来多少人的眼泪，为他们写诗作赋者更是多不胜数。其中著名的篇章，如唐代诗人胡曾的《垓下》——"拔山力尽霸图隳，倚剑空歌不逝骓。明月满营天似水，那堪回首别虞姬。"又如杜牧的《题乌江亭》——"胜负兵家事不期，包羞忍耻是男儿。江东子弟多才俊，卷土重来未可知。"更有大文豪苏轼的《濠州七绝·虞姬墓》——"帐下佳人拭泪痕，门前壮士气如云。仓黄不负君王意，独有虞姬与郑君。"以及范成大的《虞姬墓》——"刘项家人总可怜，英雄无策庇婵娟。戚姬葬处君知否，不及虞兮有墓田。"等等。

　　更有女子李清照，大声疾呼"生当作人杰，死亦为鬼雄。至今思项羽，不肯过江东。"

　　魏玩则将笔墨停留在四面楚歌、兵围垓下的那个夜晚。"鸿门玉斗纷如雪，十万降兵夜流血。咸阳宫殿三月红，霸业已随烟烬灭。"随着战争的失利，随着四面楚歌声的响起，楚霸王的事业早已灰飞烟灭，但有谁会想起他活埋十万降兵、火烧阿房宫的残酷往事呢？在魏玩的眼中，楚霸王项羽算不上英雄，所以她认为他"刚强必死仁义王，阴陵失道非天亡"，并指责他"英雄本学万人敌，何用屑屑悲红妆。"言下之意便是，楚霸王既然自称英雄，又何必让悲切的虞姬陪自己走到英雄的末路呢？

　　"三军败尽旌旗倒，玉帐佳人坐中老。香魂夜逐剑光飞，清血化为原上草。"楚霸王兵败如山倒，只有帐中静坐的虞姬，默默注视着眼前的一切，为了与这个"英雄气短、儿女情长"的男人生死相随，为了激励这个刚愎自用的男人东山再起，再渡乌江，虞姬喝了她人生中最后一杯酒，并用项上的鲜血染红了楚霸王的宝剑。这一夜，随着剑光闪过，虞姬的香魂也不知飘向了何方，而她的一腔鲜血，却化作了平原的草木。

　　"芳心寂寞寄寒枝，旧曲闻来似敛眉。哀怨徘徊愁不语，恰如初听楚歌时。"这四句描写虞姬死后楚霸王的寂寞，美人已逝，那个关心自己、爱恋自己的人已经不存在了，唯有她生前为他唱的曲，还在耳边萦绕，只是此时此刻歌在人亡，这旧日的曲子听来，却别有一番惆怅，不禁让楚霸王皱起了眉头。他徘徊在自己的帐中，惆怅不语，就好像当初与虞姬在帐中第一次听到楚歌一样，无限的思念、惆怅、懊悔以及无奈。时间不可超越，岁月不可往返，人生不可以重来，楚霸王的悲剧，是他自己的刚愎自用所导致的，此刻纵然万般悔恨，也无济于事。

"滔滔逝水流今古，楚汉兴亡两丘土。当年遗事总成空，慷慨尊前为谁舞。"这一句在叙述史实的同时加入了作者本人的议论。随着时间的流逝，岁月更迭，历史变迁，当年的楚汉政权如今已变成了两丘黄土，供后人评说。"当年遗事总成空，慷慨尊前为谁舞。"在这句诗中，魏玩深深地为虞姬感到遗憾和不平：既然楚霸王的事业已成憾事，那么虞美人生前跳的最后那一支舞，又究竟是为了谁呢？她想激励的那个男人，最终选择放弃，她洒落在乌江边的鲜血，最终化为乌有。

因此，魏玩为虞美人深深地叹息，因为她看得比生命更重的人，最终辜负了她。从这句感叹中，读者或许可以看出，魏玩惋惜的不仅是虞美人的人生，同样也是自己的。魏玩也是世间难得的奇女子，可是这绝世的才貌，却只能在深深庭院中默默地开放，默默地凋零，无人知晓，无人理会，无人怜惜。她的才情，她的爱恨，只能寄托在文字里，而她看得比生命更重要的那个男子，追逐的只是名利，不是爱情。

聂胜琼（北宋）／《鹧鸪天·别情》

玉惨花愁出凤城，莲花楼下柳青青。尊前一唱阳关曲，别个人人第五程。

寻好梦，梦难成。有谁知我此时情，枕前泪共阶前雨，隔个窗儿滴到明。

聂胜琼，陕西长安人，相传为北宋名妓。《全宋词》存其词一首，即
《鹧鸪天·别情》。自古以来，名妓的身份和诗人、词人的称谓合在一处，总有
许多故事可以叫人追寻。比如薛涛，比如步非烟和柳如是，等等。聂胜琼自
然也不例外。据冯梦龙的《情史》记载，聂胜琼长居京师，天性聪明灵动，
惹人喜爱。一次偶然的机会，一个叫李之问的人在京师遇见了她，二人一见
之下，两两钟情，情洽欢好，难舍难分。但是，李之问已是有家室的人，再
娶一个像聂胜琼这样身份卑微的青楼女子，恐怕不能被家人和社会所接纳。
因此，他们只能小心翼翼地呵护彼此之间的情感，生怕它会像朝露一般，太
阳一出来，就再无容身之处了。

然而时光如梭，离别的一天终于还是到来了。那一日，聂胜琼在城外的
莲花楼为心上人设宴饯行，送别的情形在这首词的上阕可以见出一二。首句
"玉惨花愁出凤城"，李之问的别愁怎样我们看不见，但聂胜琼想必是愁绪满
怀，无可排遣，所以用"玉惨花愁"借喻之。送别的场景，莲花楼上，红衫
翠袖，别宴正酣；莲花楼下，紫陌红尘，杨柳青青。天下没有不散的宴席，

花开再好，总有凋谢的时候，歌舞再美，总有散场的时候。此时近在眼前的人，转眼就将踏上那山水遥迢的路途，从此远隔天涯，相会无期了。

"柳"谐"留"音，作者眼中笔下的柳丝，又何尝不是她心中留恋不舍、缠缠绕绕的情丝呢？樽中酒满，想到即将到来的别离，纵然是天上的琼浆玉露，此时也只尝得出苦涩的味道。罢、罢、罢，不如起来清歌一曲，好让那绕梁余音，相伴他漫长孤寂的旅途。据杨湜《古今词话》的说法，此曲最后两句"无计留君住，奈何无计随君去。"留也留不得，去也去不得。心中好似铅云沉沉，挥散不去。这离别滋味，叫人实难消受。李之问听了这首曲子，十分感动，又在京师盘桓了数日，方才踏上归程。

李之问走后几天，聂胜琼日夜相思，不能成寐。遂将千种风情、万种相思，打并为这样一首小词，鱼雁传书，将之寄给心上人。下阕写的是别后离情，"寻好梦，梦难成。"回忆昔日相聚的欢乐，那时多么美好，如今却只能独自向梦境中去寻找。偏偏一别数日，梦也不曾做得一个。这相思无人可诉，只有藏在心底，一个人默默承受。"枕前泪共阶前雨，隔个窗儿滴到明。"白天在人前强颜欢笑，到夜晚，拥被倚枕，听着窗外的冷雨，数着离人的路程，不知不觉间，腮边枕上都湿透了。从黑夜到清晨，周而复始。懒起画蛾眉，怕看见菱花镜里那消瘦的容颜。

归途中的李之问收到这首词，应当生出许多感慨。然而，他虽然善于钟情，却也只是个懦弱的男子，纵然心上放不下，手中也是拿不起的。最好的结局，大约就是杨柳再青时候，去京师与她再相逢。就这样，一年一年，花开花落，直至各自老去，直至像姜白石与合肥女子那样，白首不再相见。流水落花春去也，天上人间。

因怕被妻子瞧见，李之问特地将小小的信笺藏在行囊之内。不想到得家中，还是被替他整理行箧的妻子所发现。事情料然是隐瞒不住了，李之问只得将实情和盘托出。故事发展到这里，悲剧与喜剧的分判只差一步之遥。若是像乔小青一样，一步踏空，遇见泼悍的妒妇，不但情缘难续，最终自己也郁郁而终。或是像董小宛，千方百计嫁给冒辟疆之后，收敛了秦淮八艳的光芒，洗手做羹汤，事事甘居人下，从此没有抱怨，为乱世中的冒家人操劳至死。聂胜琼的运气显然比她们要好一些，李之问的正妻是个知书达理的女子，她看过聂胜琼的词作之后，不但没有因妒忌而在丈夫面前大吵大闹，反而十分欣赏聂胜琼的文采，或许也为二人情感之真挚所打动。最后，她用自己的妆奁帮助丈夫将聂胜琼娶回家中，成全了这一对不为世俗所容的恋人。

故事到这里似乎很完美了，但这个故事里最为美丽的部分除了聂胜琼的深情妙词，便是李之问妻子的风度见识。所以聂胜琼嫁到李家之后，"损其妆，饰委曲，奉事主母终身，和好无间隙焉。"这些都是理所当然的后话了。

自来写女子对男子相思之情的词作，多出自男性词人之手，如温庭筠、柳永、周邦彦等词人都十分擅长描绘女性心理。聂胜琼却以一个钟情女子的身份，代自己立言，诉说内心的思念与哀愁。这类作品与代他人立言的作品相比，文字上难分高下，但就情感而言，无疑显得更加真挚而鲜活，这或许便是这首《鹧鸪天·别情》流传至今的一个很重要的原因吧。

李清照（南宋）／《夏日绝句》

生当作人杰，死亦为鬼雄。至今思项羽，不肯过江东。

在多数人的心目中，李清照应该是婉约词的代表。无论是《如梦令》还是《声声慢》，都是脍炙人口的佳作。但这首五言绝句却向我们展现了李清照如男子般慷慨激昂的诗风。

这首诗是以项羽与刘邦的楚汉之争为背景而写的。起句"生当作人杰"掷地有声，人杰者，刘邦如此称赞汉王朝的开国功臣张良、萧何、韩信。那么一个人生来的目标就应该是追求做人中的杰出者，做对国家有功的人。第二句，死亦为鬼雄，是那些胜利者才值得佩服吗？是那些成功者才是杰出的吗？并不一定。真正有英雄气魄的人，就是死，也能在鬼中称雄。

前两句从大处入手，表达了对拥有英雄气魄的人的赞美。而第三句转入更为具体的历史人物与事件。至今思项羽，体现的是李清照对项羽这个悲剧英雄的认同，而她所认同的就是"不肯过江东"中项羽体现出的个人英雄的担当精神。

当年楚汉之争，项羽没有在鸿门宴杀死刘邦，后来楚汉的反复争夺中，刘邦有用人之能，借助张良、萧何、韩信等人的勇与谋最终在与项羽的对决中占据了上风。然而垓下一战，项羽军败。虽然项羽得以突围成功，但是面对几乎全军覆没的结果，他仍然忍不住发出了感慨：

力拔山兮气盖世，时不利兮骓不逝。骓不逝兮可奈何，虞姬虞姬奈若何。

面对宝马美人，这位西楚霸王，曾经与秦军主力多次浴血奋战的英雄将领，却要落到如此境地。是项羽不擅长打仗吗？当然不是，连破秦军主力就是最好的证明。是项羽不如刘邦英勇吗？当然也不是，楚汉之争中，项羽有多少次可以杀掉刘邦的机会。但是不能光明磊落完成的，项羽不愿意。

而如今面对这样的情景，《史记》的记录应该是切合项羽的自我总结的"天亡我也，非战之罪。"不是我不能打，而是上天要我灭亡啊。

面对滚滚乌江水，该何去何从？乌江亭长给项羽一次机会，渡过乌江吧，渡过乌江，还有江东大片土地，还有江东英雄儿女。所以后来杜牧也在诗中感慨道："江东子弟多才俊，卷土重来未可知。"

如果项羽是一个政治家，他应该会选择渡过江东，暂时保全自己，谋求东山再起。可是与其说是追求政治的胜利，对国家的控制，不如说，项羽追求的是一个英雄的自我，一个英雄的担当。在他心中，这样的失败就是辜负了众多追随他的将士，就是辜负了当初反抗秦的暴政，追随他的百姓的初心。而他虽然突围成功，但仍然要为这一切有英雄的担当，有英雄的责任。

于是上演了乌江自刎，一个英雄终于倒下了，他虽然没有赢得江山，甚至没有赢得美人，但是即便作为鬼，他也是一个英雄。

李清照干净利落的二十个字，将楚汉之争的大背景，用"不肯"两字，将项羽的英雄宁死不屈的意愿表达得淋漓尽致。

而为什么李清照写下了一首如此风格独特的绝句？再回到李清照创作这首诗的背景来看。李清照向来被大家视为与丈夫赵明诚同爱好诗文，伉俪情深的一对。但在宋经历了北方金人的入侵，宋徽宗、宋钦宗两位皇帝均被金人掠走，宋王朝南迁，李清照与丈夫赵明诚也不得不加入了逃亡的路途中。随政府到了南方后，公元 1128 年，他们逃亡途中行至乌江，而在此之前，赵明诚曾作为建康（今南京）知府却在叛乱中不采取冷静措施，却率先逃跑，后被朝廷革职了。这样不光彩的怯懦行为让李清照一路心怀忧郁，到了乌江，她要说点什么了。

这一天，李清照面对浩浩乌江，怀想历史英雄项羽的决绝与担当，再面对宋王朝的一路逃亡，面对丈夫的怯懦，李清照不由得心潮澎湃，随口吟就了这首《夏日绝句》。这首诗里的每一句，每一个字，都作金石之音。那是李清照内心悲愤的喷发，饱读诗书的赵明诚也深知李清照的所思所想，听到这首直指内心的绝句，赵明诚也深深自责自己的怯懦无能，带着愧疚，赵明诚抑郁不振，不久便病故了。

虽然故事的背景有些凄凉，但这首诗为我们传达的力量却未曾削减，不肯忍辱偷生的项羽终究败给了刘邦，但却在每个人的心里，树立起了一座英雄的墓碑。那些仍然肯坚守自己理想的人，那些不惜以生命捍卫自身担当的人，应该值得我们致敬。

李清照（南宋）／《一剪梅·红藕香残玉簟秋》

红藕香残玉簟秋，轻解罗裳，独上兰舟。云中谁寄锦书来？雁字回时，月满西楼。

花自飘零水自流，一种相思，两处闲愁。此情无计可消除，才下眉头，却上心头。

离别，最是那伤感的时刻，偏逢上这淡淡的秋，岂不倍增其伤感。正如柳永所说："多情自古伤离别，更那堪，冷落清秋节。"而如今，李清照所面对的，正是这痛苦的离别，和这淡淡的秋。

那红红的荷花落了，凋尽了它最后一丝芬芳。孤独的人，只有品咂着自己的孤独，哪里还有心情把那残荷欣赏。那似玉的竹席上也只留下了一片冰凉，只因没有了他的温度。冰冷的何尝只是这竹席，分明还有她那颗寂寞的心。

轻轻解下罗裙，独自泛舟湖上，那兰舟是何等的名贵，任昉在《述异记》中记载道："木兰川在寻阳江中，多木兰树。昔吴王阖闾植木兰于此，用构宫殿。"又说："七里洲中有鲁班刻木兰为舟，至今在洲中。诗家所云木兰舟出于此。"而她为何始终不肯将那欢颜绽放。"兴尽晚回舟，误入藕花深处"，她也曾泛舟湖上，彼时的她，没有这名贵的木兰舟，却有着永生难忘的快乐逍遥。而如今，木兰舟虽好，欢笑却已不再，只有那萧索与寂寞终日伴她身旁。

　　昔时，窦滔移情宠姬，其妻苏蕙织锦作《璇玑图诗》，共八百四十字，纵横回旋，皆可为诗，文词哀婉，感动了窦滔，两人复恩爱如初。锦书，便也成为了书信的代称。

　　抬起那迷离的眼，望向苍天。云的深处，天的尽头，一行大雁正缓缓地向南飞去，是在报告秋来的消息，还是为有情人寄去思念的信笺。"流水淡，碧天长，路茫茫。凭高目断，鸿雁来时，无限思量"，在那无数个南归与北来的雁阵中，寄托了多少离人的哀思。

　　那一轮满月，照亮了西楼，也照亮了她的窗。月儿圆了，可惜的是，为何人不能团圆，再美好的月光，又同谁去欣赏。

　　"槛菊愁烟兰泣露，罗幕轻寒，燕子双飞去。明月不谙离恨苦，斜光到晓穿朱户。昨夜西风凋碧树，独上高楼，望尽天涯路。欲寄彩笺兼尺素，山长水阔知何处。"一样的秋夜，一样的月光，一样的离别，一样的感伤，一切都与李清照的情怀相思，或许世上的离别尽皆如此，也未可知。最是那不解风情的月，那样明亮地照耀着，照耀着离人的悲伤。经了昨夜那西风的摧残，一树的绿叶都已凋尽，天涯路远，还是望不见离人在哪方。想要把思念，写成短笺，拜托那鸿雁带到离人的身旁，怕只怕山长水阔，那鸿雁能否带去她的消息。一切的担忧，不过是因了情浓。

　　花儿自开自落，何曾在意人间的喜与悲，它们有自己的花期，人们岂能奈何得了。那门前的流水，径自向东流去，带走了春，带走了夏，却为何带不走离人的悲愁。她是怎样地思念着那远方的人儿，她知道，他的思念也同她的一般。恰似柳永在《望海楼》中所言："想佳人妆楼颙望，误几回，天际识归舟。争知我，倚阑干处，正恁凝愁。"这是一种怎样的默契，只有情到深处，才能有的心意。就算分隔两地，有着这一般的心境，岂不就是天堂。

"此情无计可消除，才下眉头，却上心头。"据说，李清照的这句流传千古的诗，也是所来有自的，恰是化用了范仲淹《御街行》中的诗句："都来此事，眉间心上，无计相回避。"王士禛在《花草蒙拾》中说："俞仲茅小词云：'轮到相思没处辞，眉间露一丝。'视易安'才下眉头，却上心头'，可谓此儿善盗。然易安亦从范希文'都来此事，眉间心上，无计相回避'语脱胎，李特工耳。"所谓的"点石成金"大概也不过如此了吧，只有李清照，有着这般魔力。那是女儿的柔情，男人终究难能体会。

　　那眉间心上都难以回避的，那才下了眉头却又旋即袭上心间的，只是对新婚丈夫的思念吗？若非如此，又有什么值得她如此牵肠挂肚？

　　宋徽宗崇宁元年（公元 1102 年）七月，李清照的父亲李格非被列入元祐党籍。九月，宋徽宗亲手书写元祐党人的名单，并刻成石碑，立于端礼门前。朝廷规定，元祐党人，不得在朝为官。而此时的赵挺之，却可谓是春风得意，六月被授予尚书右丞，八月被授予尚书左丞。时人张琰记录了当时的情况：李清照欲救其父，曾献诗赵挺之，其中有这样的句子，"何况人间父子情"。而赵挺之与李格非身处不同的政治派别，身为当朝宰相，却也不曾施以援手，"炙手可热心可寒"，心寒的是谁，莫不就是那李清照。政治，从来与女人无关，又从来给女人带来莫大的苦难。当此时，李清照出嫁不过短短两个年头，就要经历夫妇离散的悲苦。李清照的一生，以此为起点，开启了苦难的历程。这是她的苦难的序幕，那苦难太多，我们不曾看见尾声。

　　据说，"一剪梅"这一词牌，出自周邦彦的"一剪梅花万样娇"。后又称为"玉簟秋"，自然是因了李清照这一首，这也足以见得这首词的影响之大。

　　多少人，给了她多少赞誉。李廷机在《草堂诗馀评林》中说："此词颇尽离别之情，语意超逸，令人醒目。"梁绍壬在《两般秋雨庵随笔》中说："易安《一剪梅》词起句'红藕香残玉簟秋'七字，便有吞梅嚼雪，不识人间烟火气象，其实寻常不经意语也。"只是再多的赞誉，在这样的诗作面前，都变成了饶舌，都失却了意义。这样的作品，从来无须任何人为之说项，它的存在本身，就已经是最好的证明。

她的一生，欢乐的时光那样少，痛苦的岁月却那么多。

她的一生，经历了太多人无法经历的一切的一切，所有的所有。

她的一生，就是一段传奇。

"常恐秋节至，凉风夺炎热。弃捐箧笥中，恩情中道绝。"班婕妤的一生，何尝不是一段传奇。"莫道无归处，点点香魂清梦里。做杀多情留不得，飞去。愿他少识相思路。"柳如是的一生，又何尝不是一段传奇。"风华绝代倾城恋，海外飘零只自哀。"张爱玲的一生，又何尝不是一段传奇。那些女子的一生无不是传奇，却又无不为那传奇误了一生。人们总是喜欢听故事，却总是不在意故事中人的悲喜。每每想到这里，就不由得忆起舒婷的一首小诗，《神女峰》：

在向你挥舞的各色手帕中

是谁的手突然收回

紧紧捂住了自己的眼睛

当人们四散离去，谁

还站在船尾

衣裙漫飞，如翻涌不息的云

江涛

高一声

低一声

美丽的梦留下美丽的忧伤

人间天上，代代相传

但是，心

真能变成石头吗

为眺望远天的杳鹤

错过无数次春江月明

沿着江岸

金光菊和女贞子的洪流

正煽动新的背叛

与其在悬崖上展览千年

不如在爱人肩头痛哭一晚

　　她们可曾期待，成为那传奇中人？或许她们，终其一生，也不过只想在那爱人的肩头痛哭一晚。只是生命这场戏，从来由不得戏中人做主。人生是舞台，她们不过这舞台上的名伶，收获了无尽的鲜花、无尽的掌声、无尽的赞美，到头来，却看不清楚自己最初的模样。她们的心还在吗，她们的灵魂还在吗，世人喜欢她们打扮成传奇中人的模样，而她们自己呢，她们自己的苦、自己的乐呢，她们自己的悲、自己的喜呢，谁人会真正在意？她们看似占尽了风光，却原来那不是她们想要的春色。

　　与新婚夫婿离别的凄苦，对父母弟兄未来的担忧，当此时，悉数压在了她的心头，或许我们忘记了，此时的李清照，只是一个十九岁的少妇，她怎能承受这许多苦楚，可她终究还是承受了下来，现今的，未来的，一切的一切，所有的所有……

李清照（南宋）／《声声慢·寻寻觅觅》

寻寻觅觅，冷冷清清，凄凄惨惨戚戚。乍暖还寒时候，最难将息。三杯两盏淡酒，怎敌他晚来风急？雁过也，正伤心，却是旧时相识。

满地黄花堆积，憔悴损，如今有谁堪摘？守着窗儿，独自怎生得黑？梧桐更兼细雨，到黄昏、点点滴滴。这次第，怎一个愁字了得。

这阕小词，应当是李清照所有作品中，最为脍炙人口的一首。多少人，是因了那"寻寻觅觅，冷冷清清，凄凄惨惨戚戚"的句子，而知晓了李清照其人。彼时的李清照，经历了国破、家亡，经历了夫死、再嫁，当她站在时间的节点上，面对曾经的许多繁华，与过往的若干悲苦，心中不由得泛起阵阵酸楚。只是，生活还在继续，虽然再多的日月，也终于不过寂寞的蹉跎。

"寻寻觅觅，冷冷清清，凄凄惨惨戚戚。"古往今来，多少人品咂着这十四个字的精妙绝伦。宋代罗大经在《鹤林玉露》中说："近时李易安词云：'寻寻觅觅，冷冷清清，凄凄惨惨戚戚。'起头连叠七字。以一妇人，乃能创意出奇如此。"

寻寻觅觅，在那寂寞的屋。她是忘记了吗，此时此刻，明诚早已去到了另一个世界里，自然寻不到他的半点踪迹。冷冷清清，那凄凉，哪里只是屋子的温度，那冰冷，却着实是从内心的最深处发出。凄凄惨惨戚戚，她可是在悲悼着自己，又或者，再多的凄苦愁绝，也无法概括此时李清照的处境。痛苦，只有经历过的人，才能真正明白清楚。

韩偓在一首名为《丙寅二月二十二日抚州如归馆雨中有怀诸朝客》的诗中，有这样几句："凄凄恻恻又微嘅。欲话羁愁忆故人。薄酒旋醒寒彻夜，好花虚谢雨藏春。"李清照这十四个字，未尝没有对这几句诗的隐括。只是，如果不是经历过一番酸楚，必然写不出那样的隐衷。

"乍暖还寒时候，最难将息。"张先在《青门引》中曾说："乍暖还轻冷，风雨晚来方定。庭轩寂寞近清明，残花中酒，又是去年病。楼头画角风吹醒，入夜重门静。那堪更被明月，隔墙送过秋千影。"那"乍暖还寒"的句子，也未尝不是脱胎于张先"乍暖还轻寒"一语。这样乍寒乍暖的天气，最是难能休养调息，也最是让她无所适从。又或者，是心中郁结了太多的愁苦，天气，成了她此刻最好的理由。

"三杯两盏淡酒，怎敌他晚来风急?"满饮那三杯两盏淡酒，可曾真的能够赶走这无尽的凄寒，只是，连她自己也清楚明白，纵使赶得走这屋中的凄冷，也终究赶不走心中的冰凉。李清照最是那爱酒之人，多少次，她对着那金樽，浅斟，慢饮，是在品咂自己的孤苦，还是体味自己的浓愁。只是如今，再多的酒，竟也抵挡不了这清晨的凄寒。"晓来风急"，从前，好多版本中又作"晚来风急"，殊不知，清早便这般微凉，才是真正的寂寞愁浓，才能真正地痛彻心扉。那孤苦和寂寞竟然萦绕终日，不绝如缕。

"雁过也，正伤心，却是旧时相识。"赵嘏在《寒塘》诗中说："乡心正无限，一雁度南楼。"曾经，她也曾尽日把那鸿雁盼望，只因它们能够带来离人的消息。而今，那离人早已去到了另一个世界，哪里还能带回半点音信、只言片语。看着这鸿雁，也不过徒增了伤悲。朱敦儒在宋室南渡以后，曾写作过这样的诗句："年年看塞雁，一十四番回。"或许，最是能解那李清照的肝肠。戴叔伦在《相思曲》中说："鱼沈雁杳天涯路，始信人间别离苦。"殊不知那别离，却也分了好多种，如果只是分隔两地，终究有重逢的可能，又哪里谈得上凄苦。最怕的，是天上人间的别离，只因穷其一生，也终究得不到离人的消息。

"满地黄花堆积，憔悴损，如今有谁堪摘?"那满地的黄花，早已憔悴了芳华，还有谁去怜惜它们的败落，还有谁去摘下那丛中的一朵。李清照最是那爱菊之人，多少次，她在一阕阕词中追慕陶潜的风姿。在《醉花阴》中，她写道："东篱把酒黄昏后，有暗香盈袖。"在《多丽·咏白菊》中，她写道："细看取，屈平陶令，风韵正相宜。"只是如今，李清照也已了无兴致。是没有了陶潜的潇洒吗，是没有了"易安"的心怀吗? 李清照从来如此，总是能从那花中，看到自己的影子。如今的她，岂不正酷似这开残了的菊，早已是明日黄花?

"守着窗儿，独自怎生得黑。"尽日伴着这窗儿枯坐，从天光大亮，到夜幕降临，却能守候得到什么呢。那人终究不会回来，又为何要在这里尽日枯坐。女人，总是怕黑的，而她，却要在那无尽的黑暗里承受无尽的凄苦，是命运的安排吗? 命运为何偏偏给了李清照这许多折磨。

"梧桐更兼细雨，到黄昏、点点滴滴。"细雨滴梧桐，总是能够触动离人的哀愁。白居易在《长恨歌》中说："春风桃李花开日，秋雨梧桐叶落时。"或许每一段感情都有这样的黯然萧索，或者这么想，心中真的能宽慰许多。只是那点点滴滴，不只滴落在梧桐上，更滴落在离人的心中。心，渐渐地冷了，只为经历了太多的苦楚。

"这次第，怎一个愁字了得。"这点点般般，这桩桩件件，哪里是一个"愁"字所能尽言。而她又为之奈何。愁，她已诉说得太多。只是再多的诉说，终究是于事无补，她也只有在无尽的寂寞与哀愁中，品咂自己的孤独。

那是一种怎样的况味，或许是她生命中难逃的劫。她不愿再思谋，她只愿去接受，再多的愁苦又能怎样，这些年，她已经历了那许多。

宋代张端义在《贵耳集》中曾有这样的言语："《秋词·声声慢》：'寻寻觅觅，冷冷清清，凄凄惨惨戚戚。'此乃公孙大娘舞剑手。本朝非无能词之士，未曾有一下十四叠字者，用《文选》诸赋格。后叠又云：'梧桐更兼细雨，到黄昏、点点滴滴。'又使叠字，俱无斧凿痕。更有一奇字云：'守着窗儿，独自怎生得黑。''黑'字不许第二人押。妇人中有此文笔，殆间气也。"清代沈谦在《填词杂说》中，曾戏言道："予少时和唐、宋词三百阕，独不敢次'寻寻觅觅'一篇，恐为妇人所笑。"恐为妇人所笑，却不知，正是这妇人，胜过世间须眉许多。或者，这许多赞誉能够姑且消解李清照的忧愁。又或者，她宁愿抛弃了这一切，只为换回她的爱人，只为在他的肩头痛哭一晚。

朱淑真（南宋）／《谒金门·春半》

春已半，触目此情无限。十二阑干闲倚遍，愁来天不管。

好是风和日暖，输与莺莺燕燕。满院落花帘不卷，断肠芳草远。

87版的电视剧《红楼梦》在展现香菱的悲惨结局时，最让人印象深刻的道具是一本《断肠集》，当香菱气息奄奄地躺在病床上，"致使香魂返故乡"的时候，手里还紧紧攥着那本《断肠集》，仿佛要将它带往另一个世界。

之所以选择这一道具，我想导演组肯定是另有深意：因为，薄命女子香菱，与这《断肠集》的作者朱淑真，有着太过相似的命运。

关于朱淑真的出身、籍贯，历史早已将其忘却了，只知道她自号"幽栖居士"，擅长创作诗歌。

这首《谒金门·春半》是朱淑真早期的作品。少女时节，有太多的美好去憧憬，有太多的浪漫去想象，豆蔻芳华的朱淑真，是个饱读诗书的才女，她通晓音律，擅长诗词，小小年纪便名声在外，更何况，她出身富贵之家，一举一动无不流露出大家闺秀的气质。

这便如香菱生活在苏州的日子——她是父母的掌上明珠，父亲甄士隐将她当作男孩一样地疼爱，她只管尽情享受江南无数个春光明媚的日子，享受那小桥流水的优雅景致，享受优美的生活带给她的不俗的生活情趣。

在这欢乐的日子里，朱淑真是否有过闲愁呢？如果有，那也只是"为赋新词强说愁"吧。少女情怀，总是喜欢那些酸涩的、纤细柔弱而敏感的情愫，更渴望有个如同戏文中那样眉目清秀的男儿，能与自己携手一生，志趣相投，夫唱妇随。

这是少女朱淑真所做的春梦，或许每个敏感多情的女子都做过这样类似的梦吧。青春本来就是如梦般的颜色，但一旦青春流逝，梦便总是会惊醒，那醒后的世界是苦涩、是甜蜜，便只能听天由命了。

"温温天气似春和，试探寒梅已满坡。笑折一枝插云鬓，问人潇洒似谁么？"这是少女朱淑真的作品，真可以称得上是小儿女诗，让人觉得可喜又可爱。她折了一枝寒梅，俏皮地问了一声："我这样好看吗？像谁呢？"

那么，朱淑真问的那个人又是谁呢？有人说是侍女，有人说是心上人。朱淑真出身不低，小小年纪多在闺阁中活动，倘若联想到她此时便有意中人，似乎有些牵强，所以理解成侍女似乎更恰当些。

但香港地区女学者黄嫣梨曾经写过《朱淑真研究》的专著，据她考证，朱淑真在出嫁之前，的确认识一位少年书生，书生才华横溢，两人情投意合，互相爱慕。而朱淑真在出嫁前所写的这首《谒金门·春半》，展现的便是对情人的无限思念。

"春已半，触目此情无限。十二阑干闲倚遍，愁来天不管。"没有一个字触及相思，却字字写尽相思——暮春时节，绿肥红瘦，多情的少女感叹春光将逝，满心惆怅，即使倚遍十二阑，也无法排遣心中的烦愁，只好无端地埋怨"愁来天不管"。

"好是风和日暖，输与莺莺燕燕。满院落花帘不卷，断肠芳草远。"其实是风和日丽的好时光，但闺中少女因为心绪不佳，反不及窗外的莺莺燕燕高声欢唱，充满快乐。她独坐在深闺里，对着满地的落花，放下珠帘，蹙着眉头想起了自己的心事，她的心事——便是远在天涯的那个人。

从朱淑真后来的诗词来看，如此婉约的作品似乎不多。由此可以看出，此时的朱淑真拘泥于少女的娇羞，还不敢大胆地在诗歌中承认自己有心上人，只能用愁绪，春光，莺莺燕燕，满地落花来羞涩地表达内心甜蜜的情感。对于她来说，那种初恋的美好，只能一个人独自享受，生怕被身边的侍女发现，从而泄露秘密。

这十分符合当时的情境——倘若朱淑真的父母知道自己心爱的女儿小小年纪便芳心暗许，无论如何也要斩断女儿心中这杂乱的情思。所以，朱淑真不得不小心翼翼地保护自己的情感，即便在诗词中也不敢流露半分。

由此更可以推断，她折梅所问之人一定是侍女，虽然表面上问的是侍女，但内心深处问的便是意中人——女为悦己者容，何况是初尝爱情滋味的少女朱淑真呢？

只是，少女朱淑真还不曾真正懂得什么叫作烦愁。当她的少女时代在春花秋月的更迭中逐渐远去，她的青春梦也逐渐醒来，等待她的，不是延续这少女时代的美梦，而是任凭"父母之命、媒妁之言"活生生地剥夺了她的爱情权力，哪怕她用生命做出了抗争，也无济于事。

朱淑真（南宋）／《黄花》

土花能白又能红，晚节由能爱此工。

宁可抱香枝上老，不随黄叶舞秋风。

一个"小径红稀，芳郊绿遍"的日子，一代才女朱淑真出嫁了，从此结束了最天真浪漫的少女时代。

此刻，端坐在花轿里的朱淑真面容凝重，眼中含泪，仿佛所有的喜庆与欢乐都与她无关。那精心绣成的嫁衣穿在身上，如同针刺一般难受；那不停吹打着的乐器声音，在她听来却是从来没有过的刺耳。

她想到过逃婚，甚至死——但最终，她还是无可奈何地接受了不幸的命运。

在那个时代，再自由、奔放的女子，也难以逃脱"父母之命、媒妁之言"的束缚。如果父母为她选择是一个饱读诗书的文雅之士，或许她的心中还会有几分安慰，即便不能和自己少女时期的意中人相比，但至少婚后的生活不会太沉闷；然而，她要嫁的偏偏只是一个俗吏，不解风情，不通诗书，更谈不上才华与气质。

今后，多情的才女将如何面对婚后漫长而无趣的婚姻生活呢？朱淑真不敢相信，甚至不敢将自己的悲哀流露出来。朱淑真不是林黛玉，林黛玉为爱而生，含泪而尽，宝玉的婚期便是她的死期，她视爱情胜过生命，因此，爱情的完结便是黛玉生命的结束。但朱淑真不是，她还有父母双亲，即便爱情占据了她人生的全部意义，她还是没有勇气选择戛然而止，她甚至不敢让父母知道，自己藏了多年的心事。

因此，即便少女时的玫瑰梦此刻化作泡影，她还是孝顺地接受了父母给自己安排的命运，义无反顾地去面对自己的婚姻生活。

初嫁之时，天真美丽的朱淑真还是引起了夫婿的爱怜，两人的关系并没有像想象中那样急速恶化，尽管这样的婚姻中是迁就多于爱情，但朱淑真还是用一种平和的心态接受了。她尽量做到相夫教子，温柔娴雅，尽管不能举案齐眉，但至少外人看来，这对夫妻是和谐的。

有一段时间，朱淑真甚至试着去爱自己的丈夫，她曾经写过一首《圈儿词》给在外为官的丈夫。丈夫收到朱淑真的来信后，发现信上没有任何字迹，只有一些随意画成的圈圈点点，心中很是疑惑，正准备将来信扔在一边，突然看见书脊夹缝中有一幅蝇头小楷《相思词》，上面写道："相思欲寄无从寄，画个圈儿替。话在圈儿外，心在圈儿里。单圈儿是我，双圈儿是你。你心中有我，我心中有你。月缺了会圆，月圆了会缺。整圆儿是团圆，半圈儿是别离。我密密加圈，你须密密知我意。还有数不尽的相思情，我一路圈儿圈到底。"

如此娇俏的小女儿情态，如此深切的思念，不仅让丈夫哑然失笑。即便是这个不解风情的男人，也不禁为词中的深意所打动，便于第二天一早便雇船回海宁故里，与妻子团聚。这一故事，虽然只是朱淑真一方面的主动与浪漫，但却可以媲美李清照的"莫道不消魂，帘卷西风，人比黄花瘦。"李清照的词深深打动了知情知趣的丈夫赵明诚，朱淑真的词也感动了不懂情趣的俗吏丈夫。

然而，这段美好的日子何其短暂，很快，朱淑真的婚姻生活便开始笼罩着重重阴影。

　　这个曾经能被妻子一首词打动并立即买船回家的男儿，在仕途生涯中并不得意，常常借酒消愁，发泄内心的郁闷。让他难以理解的是，妻子不仅不鼓励他，反而反对他在仕途上的多次努力，甚至希望他远离仕途，去做一对布衣夫妻——这些想法，他觉得很可笑。仕途的不得意，加上妻子的不能理解，使他与初婚时的恩爱越走越远，他开始到外面的世界去寻欢作乐，寻找安慰。

　　很快，他便与一位年轻貌美的妓女混迹在一起，甚至将她娶回家中做了小妾，甚至都没有来得及通知朱淑真。当朱淑真得知事情真相后，内心痛苦而愤怒，从此对这位枕边人彻底失望。

　　她曾经写了一首《愁怀》，展现的便是对丈夫与婚姻生活的极端不满：

　　鸥鹭鸳鸯作一池，须知羽翼不相宜。

　　东君不与花为主，何似休生连理枝。

　　言下之意是：鸥鹭和鸳鸯羽翼不同，又如何能在一个池子里生活？东君既然不能爱护花儿，又何必结为连理枝呢？

　　人生志趣的不同，已成为横亘在她与丈夫之前最大的障碍，谁也不愿服软，谁也无法突破，在这样的情况下，朱淑真过着度日如年的生活。

　　忍无可忍的时候，朱淑真选择了一种决绝的方式：搬回娘家，从此与丈夫一刀两断。既然无法相爱，又何必强迫自己与他在一起？既然没有人能理解自己，那么又何必委屈自己过着那样度日如年的生活呢？朱淑真果断地宣布婚姻决裂，没有丝毫的犹豫。

而这首《黄花》，便是此时此刻朱淑真的内心独白。诗中的黄花，是朱淑真自己的写照：土花能白又能红，晚节由能爱此工。宁可抱香枝上老，不随黄叶舞秋风。我宁可守着寂寞在娘家过一辈子，也不愿委曲求全与一个俗物生活在一起。因为，作为才女中的佼佼者，朱淑真自有其气节，自有其爱憎，哪怕就这样终老此生，她也无怨无悔。

这种做法，相当于变相地"休夫"。在朱淑真离开夫家后，她的丈夫一开始还前去劝说，希望朱淑真能够回心转意，遭到拒绝后，恼怒的丈夫也断绝了与朱淑真的来往，从此带着爱妾过着惬意的生活，将朱淑真完全淡忘了。

朱淑真（南宋）／《清平乐·夏日游湖》

恼烟撩露，留我须臾住。携手藕花湖上路，一霎黄梅细雨。

娇痴不怕人猜，和衣睡倒人怀。最是分携时候，归来懒傍妆台。

在程朱理学开始流行的南宋社会，一个女子敢于主动"休夫"并如此决绝地对待自己的婚姻，是一件极端离经叛道之事，既为传统道德所不齿，也为世俗所不能容纳。

如果朱淑真出生在社会风气开放、女性地位较高的时代，她或许可以像李治、鱼玄机那样去追求自由的爱情，而将世俗的礼法置之不顾，但作为一个南宋的女子，她没有这样的幸运，也没有这样的自由。

回到娘家后，朱淑真的日子其实过得并不比夫家快乐，家人的不理解与冷眼，让她备受折磨。在家人眼中，朱淑真是一个不安分的女子，夫家又不是对她朝打夕骂，或是贫困到难以生活下去，如此不留情面地"休夫"，让父母的脸上觉得没有了光彩。曾经疼爱她的父亲对她日益严厉，连温柔和顺的母亲，话语中也少不了奚落和嘲讽。

对此，朱淑真只能默默地接受。哪怕日日生活在家人的嘲讽中，她也不愿回到夫家，去过那种强颜欢笑的生活，"宁可抱香枝上老，不随黄叶舞秋风"，这是她一生对爱情、对婚姻发下的誓言。

在娘家住了一段时间后，朱淑真再一次邂逅了少女时代的情人，并勇敢地与他重续前缘。当然，这一切都是瞒着家人在进行的，没有人知晓朱淑真这一场婚外恋的真相。

经历了婚姻的失败与爱情的痛苦，朱淑真对这失而复得的纯真爱情十分看重，她小心翼翼地呵护着，像对待一件极其珍贵的艺术品，生怕一不小心就碰坏了它。她瞒着父母与情人有过几次来往，每一次都有诗词记载他们相处的过程，而最大胆直接的莫过于这首《清平乐·夏日游湖》。

这是一个美丽的初夏，朱淑真与少女时候的情人欢聚在一起，多少欢乐，多少欣喜，多少往事涌上心头，她来不及去细细品味心中的喜怒哀乐，只是紧紧地偎依在情人的怀中，彼此感受对方的体温，用身体的热度传达爱意。这样的痴狂，这样的浪漫，这样的无言相对，是从前的婚姻生活中从未有过的。

"恼烟撩露，留我须臾住"，已经欢会了一个晚上，早就到了应该分开的时候了，可是朱淑真留恋情人的怀抱，还迟迟不肯归去，她掀开纱窗，只见窗外烟雾缭绕，仿佛这个世界还未苏醒，于是，刚准备起床的她又痴懒地躺倒在了情人的怀里。明明是两个人情深意切不忍分开，可她偏要说"恼烟撩露，留我须臾住"，将云雾天气赋予了人的情感，更显示出两人感情之深以及朱淑真留恋不舍之情。

"携手藕花湖上路，一霎黄梅细雨"，既然天已大亮，两个人还是挣扎着从床上爬了起来，整理好衣服，看外面夏日景色优美，藕花盛开，便禁不住携手游湖，洒下一路浪漫的笑声。一个已经出嫁的女子，抛下自己的丈夫，大胆地与自己的情人"携手藕花湖上路"，这需要多大的勇气。可是朱淑真不在乎，也不怕世人的冷眼，她享受的是自由自在的爱情生活，是心与心的碰撞，是志趣相投时的人生乐事，这一切，和别人有什么关系呢？有趣的是，两个相恋的人走着走着，竟然遇上了初夏时节说来就来的"一霎黄梅细雨"，细雨打湿了两人的衣裳，却丝毫没有破坏两人游湖的兴致，反而为他们的爱情增添了浪漫与趣味，两个携手的恋人淋着雨，一同在雨中奔跑，那种无忧无虑的快乐，恐怕是朱淑真的毕生追求吧。

"娇痴不怕人猜，和衣睡倒人怀。"这是整首词中最大胆、最离经叛道、同时也最为封建卫道士们诟病的一句。细雨打湿了衣裳，情人担心朱淑真感冒着凉，便寻了一处避雨的凉亭，暂时躲避起来。娇俏柔弱的朱淑真淋了雨，果然忍不住打了几个喷嚏，这让情人有些担心起来。连忙将她抱在怀里，而朱淑真也禁不住对方的关怀，竟这样和衣躺倒在情人的怀中，让他用爱和体温温暖自己。湖上人来人往，他们竟不避嫌疑，就这样卿卿我我地拥在一起。这在现代社会或许算不了什么，因为处处都是相拥相抱的恋人，让人觉得无限浪漫。但在南宋社会，实在是有伤风化的大事。可是他们不在乎，他们的世界里只有自己。

"最是分携时候，归来懒傍妆台"，欢乐的相聚时光最终将会过去，朱淑真是一个有夫之妇，再如何离经叛道也不敢公然与自己的情人每日同居在一起，她瞒着父母出去与情人相会，本来就冒着被父母发觉的危险，如今早就到了归去的时候了，即使有万千不舍，她也只有无可奈何地离去。可是，归来后，相聚时的点点滴滴无时无刻不浮现在她的眼前。"女为悦己者容"，没有了心爱的人，眼下的梳妆打扮还有什么意义呢？所以她发出了那长长的一声叹息——"归来懒傍妆台"。

不幸的是，朱淑真私会情人的事情最终还是被父母发现了，恼怒的父母深以为耻，从此专横地禁止女儿外出，这一段从少女时代就开始的浪漫爱情，就这样被生生地扼杀了。

所以，朱淑真后期的诗文中再也没有了前期的快乐与大胆，那种"秋千架上春衫薄"的自由与愉悦，在朱淑真的词中再也无法寻觅了，有的只是《菩萨蛮》这样伤感的词句："山亭水榭秋方半，凤帷寂寞无人伴。愁闷一番新，双蛾只旧颦。起来临绣户，时有疏萤度。多谢月相怜，今宵不忍圆。湿云不渡溪桥冷，娥寒初破东风影。溪下水声长，一枝和月香。人怜花似旧，花不知人瘦。独自倚阑干，夜深花正寒。"

被迫与情人关系断绝后，朱淑真过着郁郁寡欢的日子，她的生命中再也没有了需要牵挂的人和事，她的才情，她的浪漫，她的思念，她的人生，只能托付给年复一年的春花秋月。很快，朱淑真便在郁郁寡欢中病倒，并撒手人寰。

一代才女用这样的方式告别了人世，她的身边只留下她用爱和生命写就的诗词，但即便这些诗词也为父母所不容，被他们烧为灰烬。如果不是有人喜爱朱淑真的诗词而保留了一部分，那么这个世间便再也不会有朱淑真的《断肠集》了。

而后人为了纪念这个多才而苦命的女子，在《断肠集》的序言中这样题写道："尝闻撷辞丽句，固非女子之事，间有天姿秀发，性灵钟慧、出言吐句有奇男子之所不如，虽欲掩其名，不可得耳。如蜀之花蕊夫人，近时之李易安，尤显显著名者，各有宫词乐府行乎世。然所谓脍炙者，可一二数，岂能皆佳也。比往武陵，见旅邸中好事者往往传诵朱淑真词，每窃听之，清新婉丽、蓄思含情，能道人意中事，岂泛泛者所能及，未尝不一唱而三叹也。早岁不幸，父母失审，不能择伉俪，乃嫁为市井民家妻，一生抑郁不得志。故诗中多有忧愁怨恨之语。每临风对月，触目伤怀，皆寓于诗，以写其胸中不平之气。竟无知音，悒悒抱恨而终。自古佳人多命薄，岂止颜色如花命如叶耶？观其诗，想其人。风韵如此，乃下配一庸夫，固负此生矣。其死也，不能葬骨于地下，如青冢之可吊，并其诗为父母一火焚之。今所传者，百不一存，是重不幸也。呜呼冤哉！予是以叹息之不足，援笔而书之，聊以慰其芳魂于九泉寂寞之滨，未为不遇也。如其叙述始末，自有临安王唐佐为之传，姑书其大概为别引云。乃名其诗为《断肠集》，后有好事君子，当知予言之不妄也。淳熙壬寅三月望日，通判平江军事魏仲恭撰。"

这或许是对一代才女朱淑真一生最完整的总结与评价了。

蜀妓（南宋）／《鹊桥仙》

说盟说誓，说情说意，动便春愁满纸。多应念得脱空经，是哪个先生教底？

不茶不饭，不言不语，一味供他憔悴。相思已是不曾闲，又哪得功夫咒你。

两宋的妓女，或称为艺妓。她们不仅貌美，能歌善舞，且才华横溢，文人士大夫们闲暇之余常与她们饮酒相娱，激发了他们的才情与创作欲。

大多时，艺妓们都是在舞台上供士大夫们观摩欣赏的人体模特，她们内心的爱与恨、苦与乐，岂是那些士大夫能深刻体会得到的？于是，才艺双馨的艺妓们用她们独有的视角与笔触书写了一个全新的女性世界。

宋代官员生活优裕，文人亦好雅集，他们常聚集朋友、同僚及社会的知名文士饮酒相娱。此时妓女便被用来侍宴佐酒，献歌献舞以招待客人。《梁梦录》卷二十妓乐条载：如府第高户，多于邪街等处，择其能讴妓女，顾情祗应，或官府公筵及三学齐会，缙绅同年会，皆官差诸库角妓祗直。客人兴之所至，便赋诗作词以舒胸中快意，或即席为妓女赠送佳作，赞美妓女的精湛技艺和天姿国色。

与北宋的繁华不同，南宋社会相对动荡，但并没有影响士大夫们与妓女的交往。

宋代妓女所从事的艺术活动名目繁多，对妓女的技艺素质的要求也颇高，必须要具有良好的艺术天赋和文学修养，能够歌舞侍筵、行令佐酒、赋诗填词以满足文人士大夫的需要，所以，这些妓女都要经历长期严格的、良好的文学艺术教育。文人士大夫们经常光顾歌馆酒楼，与其中的妓女诗酒流连，也为歌妓们提供了良好的艺术氛围和艺术的熏陶。所以很多妓女都是琴棋书画、诗词歌赋样样精通。她们依靠自己的超群的才和貌，在满足了男人需求的同时，也博得了他们的宠爱。

蜀妓就是这样一位女子，尽管她姓氏及生平均不详，仅存一首《鹊桥仙》，却活脱脱地展示了一位痴情女子丰富的内心情感。

"易求无价宝，难得有情郎"，作为一名烟花女子，身居青楼，送往迎来，以艺娱人，以色事人，歌舞卖笑，形成两宋市井社会一道绮丽的风景。这位才华横溢的蜀妓，亦渴望过一名普通人的家庭生活，将痴情的期待融为一缕缕情思。

她的情郎，正是南宋著名诗人陆放翁。

陆游与表妹唐婉，曾是诗坛界的一对神仙眷侣，两人从小青梅竹马，婚后相敬如宾。然而，唐婉的才华横溢与陆游的亲密感情，引起了陆母的不满以致最后发展到强迫陆游和她离婚。

传说陆游不愿与发妻唐婉离婚，曾用"金屋藏娇"的方式将唐婉单独安排在了一处小院居住。不幸的是，不久被其母发现，未果。

但是面对蜀妓这样一位貌美聪慧的女子，陆游"故伎重施"。

事情发生在陆游蜀地任职期间。

蜀妓是陆游的一位门客游蜀时认识的，她能诗善文，文采飞扬，当内心丰富的陆游遇见蜀妓，颇有"相见恨晚"，"他乡遇故知"的兴奋，当天便留宿她处，自不多言。

尽管文人士大夫出入青楼在南宋是种"时尚"，然而留宿烟花之地却被礼教所不耻，于是陆游悄悄将蜀妓带走，安排住处，期待能与她享受独处的快乐。

郎情妾意，起初陆游频频到蜀妓这里与她吟诗作词，好不快活，两人立下了海誓山盟。蜀妓在遇到了无数"萍水相逢"的感情后，仍以一颗期盼爱情的心认真地对待与陆游这份感情。她期盼与陆游的长相厮守，但世事变幻无常，短暂的分离或许是小别胜新欢，也有可能是永世无法相见的序幕。

"痴心女子负心汉"，面对这些青楼歌妓，除了柳三变，又有哪位士大夫是动了真感情呢？他们闲暇之余出入青楼歌馆狎戏弄妓，看似对妓女的命运遭际表现出深切的关注、体谅与同情，实际多为不得志的文人士大夫或深感于仕途浮沉的官员，将自己的身世与妓女的处境联系起来，抒发自己的哀怨与愁思。

没过多久，陆游对蜀妓的感情就渐渐淡了，或托病或找寻其他理由，总之见郎一面颇不易。

蜀妓是个聪慧又可爱的女子，没有因为陆游托说的各种理由不见她而整日像个怨妇般哭泣，而是将满腹相思、隐怨、柔情与体贴寄情词上。或许她早已意识到与陆游的这段情感亮起了红灯，作为一个痴情的青楼女子，与陆游的感情纠葛纷繁复杂。她用一种高明的段数，不急不躁，不卑又不亢，幽默智慧地化解了这段情感危机。"此女子不寻常也！"

与陆游的"海誓山盟"似乎还在耳边，却听说他又有了新欢，蜀妓真是又气又恼、又爱又痴。爱他曾与自己打情骂俏、缠缠绵绵，恨他迟迟不来探望自己，让自己茶饭不思，衣带渐宽。

盼星星盼月亮，终于蜀妓盼来了日思夜想的情郎。起初是恨，恨陆游为什么这么久都不来看她。不过她清楚得很，一味向陆游抱怨只会烦走这位日思夜想的情郎，只撒娇地问了句："你这不老实找理由的本事，是哪个先生教你的?"

许久未见蜀妓的陆游顿时心生想念，将她搂入怀中，却发现这个女子消瘦了许多，是吃不好还是病了？蜀妓嗔道："人家想你都想到茶饭不思了，当然衣带渐宽。"陆游恐怕蜀妓怨上自己，像表妹唐婉那般，"角声寒，夜阑珊，怕人询问，咽泪装欢"含恨而去，柔情地安抚蜀妓，她却促狭地说道："想你还想不过来呢，哪有工夫咒你?"

《鹊桥仙》一词中，蜀妓用娇嗲的语气，将小女子内心的丰富情感表达，亲切生动。不假雕饰的口语完全不隐晦内心的真情实感，如此生动活泼、富有生活气息的小词，或许只在此词中方能淋漓感受，不是吗?

严蕊（南宋） ／《卜算子》

不是爱风尘，似被前缘误。花落花开终有时，总赖东君主。

去也终须去，住也如何住！若得山花插满头，莫问奴归处。

这首词的背景原本是两个男人间的公案，却变成了一个女子的自诉。

南宋的朱熹是理学大家，但当时永康学派的唐仲友却对其学说并不认同。而在此之前，唐仲友与严蕊有过交往。当时的严蕊身为营伎（官伎），虽有涉酒席歌宴之事，但并非能随意与客人同居的一般妓女。宋代法律亦对此有严格的规定。

然而当朱熹巡行至台州时，下令地方官黄岩借与士大夫有染之名逮捕严蕊，并在此之时上书以其与严蕊有伤风化之罪弹劾唐仲友，并令人严刑拷打严蕊。然而内心正直刚烈的严蕊却宁死不肯诬陷唐仲友，并说道："身为贱妓，纵合与太守有滥，科亦不至死；然是非真伪，岂可妄言以污士大夫，虽死不可诬也。"严蕊以自身受重刑的煎熬捍卫了士大夫的名节。

朱熹作为当时的大家卷入这样的争端，难免不被朝野议论，直到惊动了皇帝宋孝宗。宋孝宗认为这是"秀才争闲气"，当然也调离了当事人朱熹，派岳飞的后人岳霖来审定这件事，而这首词，就是严蕊面对岳霖的自述。

"不是爱风尘，似被前缘误。"严蕊在起笔即陈述了自己的初衷，并非我

134

真的贪恋这风尘营伎的生活，但是命运之"前缘"哪里能由我自己决定呢，只能身不由己，被误终身了。

　　然而虽然身不由己，但茫茫世事还是有一些有人主宰的。"花落花开终有时，总赖东君主。"这两句极为委婉又不卑不亢地向岳霖这一主审官申诉了自己的心声。自然界的花开花落总是有一定的规律，不可能永远开，不可能永远落，而开与落的时间，终究是要看东君（掌管花的花神）的意思了。言外之意，自己此番卷入纷争，终究是身不由己，虽然花开花落终有时，虽然真相总会水落石出，但一时间如何决断，却要取决于主审官了。身为营伎的身不由己，在命运面前的自伤与期盼，都落在了东君——岳霖的身上。

　　严蕊的上片自述平生，有借命运之言自陈己志，也对主审官既有敬畏之托喻，又有人生感悟，可谓申诉得体，不卑不亢。

　　"去也终须去，住也如何住！"下片的开场转入强烈的情感诉说。该离开的最终还是会离开的，这既可以是承接上文的花开花落，又可以喻指自身的处境，经历如此种种，继续留下作营伎，该如何出处？实在不可推想。而这里，还可以暗含真相就是真相，早晚是无法隐瞒、无法强行留住假象的意味。这样两句本似女子感慨花开花落的句子，却成为伸张内心正义，叙说不得志的最巧妙的表达。

　　住也如何住！如果严蕊获得清白自由，自然"不是爱风尘"，那将下落何处呢？严蕊自己给出了答案"若得山花插满头，莫问奴归处。"山花插满头是多么形象的表达，一个朴素的农家女子，在山花烂漫之时采花插头，该是多么惬意，多么自由。如果能够获得这样自由的生活，也就烦请主审官不要细问我的归宿了，我只想过一个平常女子的生活。这就是严蕊借助《卜算子》一词的自我回答。而多少道貌岸然的文人墨客，在面对命运的不公，在面对严刑逼供的拷打时，能有这样的正直、持守之心呢？这或许就是严蕊不仅仅在女性中，特别是营伎这样卑微身份的人群中脱颖而出的原因，更是我们在与士大夫相比较，更愿意铭记她的原因吧。

这首词本身论花盈篇，通篇与花相关。其实严蕊的词中，不乏对花与东君意象的运用，如这首《如梦令》：

道是梨花不是。道是杏花不是。白白与红红，别是东风情味。曾记，曾记，人在武陵微醉。

虽有用典，但整首词口吻轻盈，玲珑美丽。但花如美人，花开花落，美人薄命，唤东君何在，主持公道。在理学渐兴的南宋，女子的命运不由自己主宰的悲剧实在太多了。而严蕊毕竟还是幸运的，她虽经历酷刑，但仍得以还清白。之后严蕊向往的"山花插满头"的生活，虽然无史书详细记载，料想以其聪慧如此，也应大体实现了吧。

王清惠（南宋）／《满江红》

太液芙蓉，浑不似、旧时颜色。曾记得，春风雨露，玉楼金阙。名播兰馨妃后里，晕潮莲脸君王侧。忽一声鼙鼓揭天来，繁华歇。

龙虎散，风云灭。千古恨，凭谁说。对山河百二，泪盈襟血。驿馆夜惊尘土梦，宫车晓碾关山月。问嫦娥、于我肯从容，同圆缺。

公元 1276 年，南宋德佑二年正月初一，这个原本热闹、喜庆的春节因潭州城（今长沙）的陷落以及守将李芾的战死而弥漫着凄惨、绝望的气息。正月十八日，元朝大军进驻临安（今杭州），南宋皇室决定向元称臣，并于二月四日庚子日递上降表，接受元军"将有影响力的人士与皇室一并押解北上"的受降要求。

杭州。大运河码头。此时的西子湖畔，虽然同样人头攒动，拥挤不堪，但早已不复"暖风熏得游人醉"的繁华；山清水秀的江南，也在战争的灰霾中褪去了颜色。初春的蒙蒙细雨浇不灭宫廷女官王清惠心中无尽的悲愁，登船的那一刻，她想起此去河山远隔，故土难回，不禁仰天长叹，泪眼蒙眬。

早在半个月前，元朝大将伯颜在挑选此次北上的具体人选时，主要考虑对象是一批对元朝巩固江南产生副作用的人物，如皇太后全氏、5 岁的宋恭帝、参政高应松、金枢谢堂以及南宋"三学"（太学、文学、武学）中的优秀学生。此外，还包括对国事一无所知的后宫妃嫔、宫人，其中就有宫廷女官王清惠。

然而，王清惠并非是个目不识丁、以色事人的普通女子，从某种意义上说，她是个悲悯苍生的女诗人，曾被宋度宗亲自封为昭仪。史书上记载她"鹤骨癯貌"，在宋代那个崇尚"人比黄花瘦"的时代，王清惠想必是个风姿清雅的骨感美人。不过此时此刻，她的身份已不再是那个才华横溢的王昭仪了，而是一个阶下囚。

在同船北上的宫人中，王清惠与宫廷琴师汪元量十分交好，尽管船行寂寞，此去前途未卜，他们还能在一起谈天说地，强颜欢笑，很快，船便经京口、扬州、高邮，到达了北宋都城东京（又称汴梁城）。

面对自靖康之役后阔别了一个多世纪的故都汴梁，北上的南宋文人如汪元量等纷纷抚今追昔，感慨万分，并留下或慷慨或悲怆的诗句，供后人凭吊。在这些诗句中，以王清惠的《满江红》极为著名。

用女性的敏感来捕捉亡国之痛，往往比男性更为伤感和深刻，如花蕊夫人的《述亡国诗》。在诗中，王清惠回忆起"春风雨露，玉楼金阙。名播兰馨妃后里，晕潮莲脸君王侧"的风流往事，却没想到"忽一声鼙鼓揭天来，繁华歇"，惊碎了所有人的美梦，此情此景，即发生在靖康之乱那个难以忘却时刻，又在眼下重演，北宋灭于辽，南宋灭于元，历史惊人地相似。

此时此刻，王清惠或许无暇考虑到自己将来的命运，但她深深地知道，此行北上，定是与故国山河成为永诀，江南的秀美山水，恐怕只有在睡梦中才能一见了。但是"问嫦娥、于我肯从容，同圆缺"一句，还是展现出王清惠内心之中的矛盾：作为曾经"晕潮莲脸君王侧"的皇妃，面对敌人的凌辱，是忍辱求荣呢？还是保持节操？或许只有月中的嫦娥才能回答这个问题吧。

这首饱含亡国之痛的词后来传遍中原，文天祥、汪元量等人都有词相和。

文天祥的和词是：

"燕子楼中，又捱过、几番秋色。相思处、青春如梦，乘鸾仙阙。肌玉暗销衣带缓，泪珠斜透花钿侧。最无端蕉影上窗纱，青灯歇。

曲池合，高台灭。人间事，何堪说。向南阳阡上，满襟清血。世态便如翻覆手，妾身元是分明月。笑乐昌一段好风流，菱花缺。"

而汪元量的和词是：

"天上人家，醉王母、蟠桃春色。被午夜、漏声催箭，晓光侵阙。花覆千官鸾阁外，香浮九鼎龙楼侧。恨黑风吹雨湿霓裳，歌声歇。人去后，书应绝。肠断处，心难说。更那堪杜宇，满山啼血。事去空流东汴水，愁来不见西湖月。有谁知、海上泣婵娟，菱花缺。"

三月二十四日，经过近四十天的长途跋涉，这批南宋旧人终于结束漫长的"春运"之旅，到达元首都大都（今北京）。半个月后，宋宫四夫人自缢于上都（今内蒙古锡林郭勒盟）。但王清惠没有选择自缢，她活了下来，后来在大都出家，道号冲华。

而她的好友、宫廷琴师汪元量，竟与她同样在大都生活了十几年。值得庆幸的是，公元 1288 年，汪元量终于获得元朝的允许南归，尽管此时此刻江南故国早已物是人非，但亲眼看着好友能在人生的暮年回到故土，王清惠既高兴又悲伤，写下了《送水云归吴》一诗以送别：朔风猎猎割人面，万里归人泪如霰。江南江北路茫茫。粟酒千锺为君劝。

即便到了此刻，已参破世情的王清惠还是忘不了她的亡国之痛。

杨娃（南宋）／《诉衷情·题马远松院鸣琴》

闲中一弄七弦琴，此曲少知音。多因淡然无味，不比郑声淫。

松院静，竹楼深，夜沉沉。清风拂轸，明月当轩，谁会幽心。

提起杨娃，便牵涉到中国书画史上一桩著名的疑案——杨娃与宋宁宗杨皇后究竟是不是同一个人？

杨娃，又称杨妹子，关于她的身世，历来有两种说法：其一是杨娃乃宋宁宗杨皇后之妹，其二杨娃便是杨皇后本人。这两种说法孰是孰非，至今都没有定论。持前一种说法的人如明代陶宗仪，他在《书史会要》中记载："杨妹子，杨后之妹。书似宁宗。远画多其所题，语关情思，人或讥之。"持后一种说法的人如现当代著名学者启功，他在《谈南宋画上题字的"杨妹子"》一文中认为，杨娃即杨姓之误，杨姓即杨后。

杨娃的活动时间主要集中于宋宁宗庆元至嘉定（公元 1195 年~1208 年）年间，此女才华横溢，擅长书法和诗歌。她的书法作品《楷书清凉境界七绝》曾经在中国嘉德（香港）2013 秋拍"大观——香港之夜"专场中以港币 23575000 高价成交。北京故宫博物院、美国大都会博物馆都存有杨娃的书法作品。清代人姜绍曾在《韵石斋笔谈》中这样评论杨娃的书法——"波撇秀颖，妍媚之态，映带漂湘"。如果她真的是杨皇后本人，那么杨娃还是一个出色的政治家。

不过，杨娃留存下来的诗词作品没有她的书法作品那么多，她存诗六首，词一首，比起同时代女性作家如管道升等人的作品，杨娃并不以诗词著名，熟读文学史的人或许并不知晓杨娃这个杰出的女子，反倒是熟悉书画史的人，觉得杨娃的名字亲切得多。

杨娃所存的诗歌多为题画诗，如《题菊花图》："莫惜朝衣准酒钱，渊明身即此花仙。重阳满满杯中泛，一缕黄金是一年。"诗风清丽飘逸，既有女子的委婉清雅，又有男儿的潇洒飘逸。

又如《题马远画梅四首》："重重叠叠染湘黄，此际春光已半芳。开处不禁风日暖，乱飞晴雪点衣裳。铢衣翠盖映朱颜，未委何年入帝关。默被画工传写得，至今犹似在衡山。天桃艳杏岂相同，红润姿容冷淡中。披拂轻烟何所似，动人春色碧纱笼。浑如冷蝶宿花房，拥抱檀心忆旧香。开到寒梢犹可爱，此般必是汉宫妆。"

到了近代，随着研究者对杨娃本人身份逐渐揭示，杨皇后与杨娃同为一人的说法逐渐为学术界所接受。台湾地区著名书画家、书画史家和鉴定家江兆申通过长期的研究、考据和论证，确定杨皇后与杨娃为同一人，这一说法基本得到学术界的肯定，"杨娃与杨皇后"这桩存在了上千年的书画界遗憾也从此彻底地被揭开了谜底。

从《诉衷情·题马远松院鸣琴》一词中，后人或许可以感受这个诗书词画俱佳的才女当年的情思与才华。

闲中一弄七弦琴，此曲少知音。多因淡然无味，不比郑声淫。

松院静，竹楼深，夜沉沉。清风拂轸，明月当轩，谁会幽心。

这是一首题画诗。众所周知，中国古代的书画非常讲究意境，追求"诗中有画，画中有诗"的境界。一幅优秀的书画作品完成后，往往会请朋友、名家在空白处题上一首与诗画内容相关的诗词，最后再加盖印章，使得作品集书画、诗词、印章于一身，成为一种独特的艺术形式，汇集了多种艺术手段，让人在读诗看画的同时享受多层次的艺术境界。

　　一般来说，题画诗的内容诗或抒发作者本身的感情，或展现作者的艺术的见地，或咏叹书画作品的意境——"高情逸思，画之不足，题以发之"，这便是古人对题画诗的理解。

　　从杨娃的这首词的内容来看，主要是咏叹书画作品所展现的意境，同时抒发作者本人的情感。"闲中一弄七弦琴，此曲少知音"一句化用了前人的诗句"欲将心事付瑶琴，知音少，弦断有谁听"，在古代，琴与围棋、书法、绘画成为古代知识分子必须掌握的技艺，而古琴悠远漂移，多为隐士、僧人所弹，所展现的是闲云野鹤般的人生与审美情趣。杨娃用"此曲少知音"便展现出画中高渺、飘逸而不可捉摸的境界。

　　"多因淡然无味，不比郑声淫。"古琴音量小，余韵悠长，唯有在清风明月的陪伴下静心聆听，方可体会琴中韵味，内心不能安静的人，是永远无法感受古琴的艺术魅力的。所以，孔子听了美妙的琴声后才"三月不知肉味"，而世俗之人，却喜欢的是淫逸、风流的郑卫之音，对于古琴的意境，少有人能理解。

　　下半阕展现的是与古琴的气质相符合的环境："松院静，竹楼深，夜沉沉。清风拂轸，明月当轩，谁会幽心。"在如此情境下聆听古琴的声音，即便是内心浮躁之人，也能瞬间安静下来，只是，世上能有几人，在这月明风清的竹楼之夜享受这清幽渺远的意境呢？而弹琴人一派幽雅渺远之心，又有谁能知晓呢？

至此，读者完全可以想象出画面的内容：一座山间的清幽小院，院中种满松竹，清风拂过，松香扑面，竹影婆娑，那隐藏在竹楼深处的弹琴人，突然拨动琴弦，发出了一声悠长的叹息，仿佛天籁，与这明月清风下的竹楼相应，仿佛是这人间不可多得的美景。而那个神秘的弹琴之人始终没有露面，他或许是一位隐士，或许是一位高僧，或许是一位遗世而独立的世外高人，他的心事，他的情思，无人能解，只有借助着缥缈悠远的琴音，传达到世人的耳中。

　　这样清幽雅丽的境界，在杨娃的诗歌中较为常见，想必这个多才多艺的女子，也是娴静如娇花临水，情思细腻而幽怨，让人无可捉摸吧。

郑允端（元）／《吴人嫁女辞》

种花莫种官路旁，嫁女莫嫁诸侯王。种花官路人将取，嫁女王侯不久长。
花落色衰情变更，离鸾破镜终分张。不如嫁与田舍郎，白首相看不下堂。

与魏玩、朱淑真等人想比，郑允端这个出身富贵之家的女子是个幸运者——在婚姻这一人生头等大事上，她获得了别人难以企及的幸福。

女子能够出生、生长在苏州何等幸运，何况，郑允端还是个才女。

她出生于苏州的书香门第——"花桥郑家"。这是个在苏州曾富雄一郡的家族，作为家中的千金小姐，郑允端从小就受到良好的家庭教育。由于父兄都以教书为业，郑允端小小年纪便和诗书结下了不解之缘，那书里变幻万千的世界，让她觉得既新奇又有趣，久而久之，她便成长为一个知书达理、能诗善文的才女。

更何况，有苏州秀丽的山水为伴，郑允端更是形成了雅致的审美情趣和不俗的眼光，她的诗词中也充满了江南水乡的秀美，如同一支动听的渔歌，有着吴侬软语的清丽与柔媚。

如郑允端少女时期写作的那首描写水乡小景的《水槛》："近水人家小结庐，轩窗潇洒胜幽居。凭栏忽听渔郎曲，知有小船来卖鱼。"唯有生于苏州长于苏州的水乡人，才可能将水乡的美丽描绘得如此动人吧。

出身于富贵之家的女子，却将人间富贵视作草芥，反倒是那些在世人眼中看起来寻常的事物，在郑允端的眼中却显得弥足珍贵。如《赞豆腐》一诗：

种豆南山下，霜风老英鲜。磨砻流玉乳，蒸煮结清泉。

色比土酥净，香逾石髓坚。味之有余美，五食勿与传。

豆腐是寻常的平民食物，老百姓日日得而食之，是再平常不过的食物。不过在郑府，即便做不出如《红楼梦》中如螃蟹宴或茄鲞那样的种种花样，但也绝不会如寻常人家那样的简单和朴素，应该是花样百出，以满足深宅大院的需求。而郑允端这个"大门不出，二门不迈"的大家闺秀，应该是连豆腐真正的样子都没有见过才是，她又何以写出《赞豆腐》这样的诗歌呢？

从诗歌内容来看，郑允端从种豆、收成、磨豆一直写到制作豆腐成功的过程，如果不是亲眼所见，定然不会写得如此真实，可见，这个养尊处优的大小姐能够深入到生活最细微处进行观察，不仅有心，而且细心。

到了待嫁之年，父母为郑允端寻了一门好亲事——将她嫁给了同郡施伯仁。这是一份让郑允端十分满意的好姻缘，她的丈夫为儒雅之士，擅长诗文，夫妻二人相敬如宾，常常诗文唱和，生活十分幸福。

她曾经在《听琴》一诗中写道："夜深众籁寂，天空缺月明。幽人遽槁梧，逸响发清声。一韵再三弹，中含太古情。坐深听未久，山水有余清。子期既物化，赏心谁与并。感慨意不已，天地空峥嵘。"

可见，郑允端的生活中雅俗共赏，富足优容，夫妻恩爱，这对于一个女子来说是莫大的幸福，相比之下，郑允端比魏玩、朱淑真要幸运得多，所以诗歌中的愁苦之情也要少得多，她有一颗平静的心去观察周围世界的一切，更有一颗善良的心去怜惜命运不如她的那些人。

在封建时代，婚姻称得上女人一生中的头等大事，它最终决定了一个女子的命运。然而，从程朱理学流行开始，女性在那个时代是没有婚姻自由的，她们社会低下，受到三纲五常、三从四德等封建伦理道德的多重束缚，而"好女不嫁二夫"、"从一而终"的道德观念更是束缚了女人一生的幸福。对待爱情与婚姻，女性没有选择的余地，甚至很多女子婚前从未见过自己的夫婿一面，它完全取决于"父母之命"、"媒妁之言"。女人出嫁之时既是女子一生中最关键的时刻，也是最紧张的时刻。很多女性想到从此要与一个陌生人生活在一起，不禁感到既紧张又恐惧。

郑允端深深同情女性的这种悲哀，虽然身处富裕之家，但她却看到当时有很多寻常百姓为了获得一时的荣耀，将有姿色的女儿许配给达官贵族做妾，而对方只是为了贪图女子的容貌，丝毫没有怜惜之情，色衰爱弛、喜新厌旧的现象几乎每天都在发生，很多年老色衰的女子便沦为弃妇，生活十分悲惨。郑允端深深地怜惜这些女子，因此写下了这篇《吴人嫁女辞》，以提醒世人，不要为了一时的荣华富贵而造就一生的婚姻悲剧。

"种花莫种官路旁，嫁女莫嫁诸侯王。"以花起兴，诗的意思非常直接，便是提醒人们不要将女儿嫁给达官贵族之家，为什么呢？"种花官路人将取，嫁女王侯不久长。"因为这样的婚姻不会长久，女子也得不到应有的幸福。"花落色衰情变更，离鸾破镜终分张。"等到女子年老色衰的那一日，所谓的爱与怜惜都会荡然无存所以，郑允端劝诫道："不如嫁与田舍郎，白首相看不下堂。"反倒是人间的贫贱夫妻，倒能恩恩爱爱、白头偕老。

一个出身高贵的富家女子，提倡的却是平淡、和谐的婚姻生活，这在当时十分可贵。事实上，郑允端自己过着的也是这样平淡如水的生活，因为深有体会，所以才能写出这么恳切的诗句。

在郑允端的诗歌《罗敷曲》，她展现的也是类似的观点："邯郸秦氏女，辛苦为蚕忙。清晨出采桑，采桑不盈筐。使君从南来，五马多辉光。相逢在桑下，遗我双明珰。听妇前致辞，卑贱那可当。使君自有妇，罗敷自有郎。请君上马去，长歌陌上桑。"通过美女罗敷的故事来展现对荣华富贵的蔑视。

不过，这个超凡脱俗的女子最终还是没能与丈夫白头偕老，随着元末战争的到来，张士诚占领苏州，郑允端平静淡泊的家庭生活完全被战乱之祸搅乱了。她的家被洗劫一空，她也在贫病交加中苦苦地挣扎着，最终在死亡面前写下了一首《自拟挽歌辞》："有生必有死，书夜理之常"，表达了自己对死亡到来的顺其自然与平静。就在一个芳草萋萋的春末，郑允端终于告别的人间，年仅三十岁。

对于爱妻的不幸早逝，施伯仁悲痛欲绝。他发誓要将亡妻的遗作仔细整理一遍，让它永久地留存于世间，在施伯仁的精心整理下，郑允端的作品被编辑成册，题名为《肃集》。这部诗集在元末战乱的生活中历经颠簸，最终散失了一半多，仅留下百余首诗。但尽管如此，郑允端依旧是整个元代存诗最多的女诗人，也是最让人难忘的女诗人。后人用"贞懿"来总结她的一生，并称之为"女中之贤智者"。

管道升（元）／《我侬词》

你侬我侬，忒煞情多，情多处，热如火。

把一块泥，捏一个你，塑一个我，

将咱两个一起打破，用水调和，

再捏一个你，再塑一个我，我泥中有你，你泥中有我。

与你生同一个衾，死同一个椁。

赵明诚与李清照，施伯仁与郑允端，赵孟頫与管道升，这都是那个时代人人羡慕的神仙眷侣。

他们情深义重，夫唱妇随，他们才华横溢，诗文唱和，他们患难与共，生死相随，所谓相濡以沫，生死相依，大概就是这样吧。

在这三段婚姻之中，女子又比男子更为深情，李清照之于赵明诚，郑允端之于施伯仁，管道升之于赵孟頫，莫不如此。

管道升（公元 1262 年~1319 年)，字仲姬、瑶姬，元代社会著名的女书法家、画家和诗词创作家。她生而聪敏，"翰墨词章，不学而能"，可以说天赋极高。26 岁那年，管道升嫁给了赵孟頫，两人在婚前有过接触，也许是一见钟情，也许是倾慕已久，总之，他们走到了一起，成就了一段极其美满的姻缘。

赵孟頫出身天潢贵胄之家，才华横溢，擅长诗词书画，与管道升在一起，夫妇二人可谓是相得益彰，珠联璧合，羡煞旁人。他们的生活优裕而富有情趣，无论是吟诗作画，还是遨游山水，抑或相对读书，谈天说地，夫妻二人都有许多的共同语言，他们谈起古往今来的才子佳人，谈论古今江山易主的变换，谈论人生的归宿，谈论生命的意义，这一切的一切，都让管道升觉得，他是她生命中那个志同道合的人，她庆幸今生能够遇见他，并与他相爱。

就这样，赵孟頫与管道升恩恩爱爱地度过了大半辈子，直到人到中年，他们的婚姻出现了危机。

是的，再美丽的女人，也经不起岁月的折磨，经不起时光荏苒消磨掉青春和容貌。所以，徐娘半老让人们感叹，美人迟暮更是让人叹息，古往今来不知有多少美丽的女子，最终在日复一日的操劳中将美貌消耗殆尽。人们便用"昙花一现"来比喻女子转瞬即逝的青春容颜，字句里隐含着深深的不舍和叹息。

西施年老的时候，虽与范蠡泛舟太湖，但远不是当年的少女情境了；汉武帝李夫人病容愁损，为了不让心爱的人见到自己丑陋的样子，她宁死也不愿意见到自己的夫君；唐玄宗的梅妃老死上阳宫时，想必身边再无他人，只有一群年老的宫女陪伴着……管道升虽然不是以色事人的女子，但长期以来的家庭琐事也会消磨掉她年轻时的风月玲珑，女人一到更年期，脾气也会变得古怪而难以捉摸，就是在这样的情况下，赵孟頫对婚姻的忠贞开始动摇，产生了纳妾的想法。

读者们或许会想起，类似的事情在很多年前也发生过，而且发生在一个同样美丽而多才的女子身上——那便是卓文君。想当年，貌美的文君有勇气和司马相如私奔并陪他当垆卖酒，根本不在乎他的贫贱与落魄，然而，当她年华老去，司马相如对爱情的忠贞便冰消瓦解了，他决心娶妾，对此，心如死灰的卓文君写下了《白头吟》和《诀别书》，用一种决绝的方式告别了自己的爱情，并将那个负心人从此抛在了脑后。

卓文君是"宁为玉碎不为瓦全"的女子，爱便可以生死相随，不离不弃，不爱便立即一刀两断，恩断义绝。尽管这所作所为中含着悲切与委屈，尽管这所作所为让人心痛，但毕竟，她维护的是一个女性的尊严与骄傲。

相比之下，管道升的做法委婉得多，也巧妙得多。究其原因，大概是她的内心深处还隐含着对赵孟頫自年少时就产生的点滴深情，她希望挽回自己的爱情。

即便放在现在，大多数的女子也会选择这样的方式挽回自己的爱情吧，毕竟人到中年，他们一起走过那么多的岁月，这份感情不是说了结就能了结的，她必须做最后的努力。

事实上，且不论赵孟頫在元代官居从一品、权倾朝野的地位，就是寻常的富贵人家，也少不得娶三妻四妾来装点自己的门面，一般的女子，大多只要保住自己正室的地位，也就心满意足了，又何必在乎丈夫娶妾呢？

只因为，管道升与赵孟頫不是寻常夫妇，他们是一对恩爱夫妻，爱情中容不下第三人，从这个角度上说，他们的爱情与婚姻已经具有了现代的意义。

于是，就有了那首最著名的词——《我侬词》。

当后人深情款款地读到"把一块泥，捏一个你，塑一个我"、"再捏一个你，塑一个我，我泥中有你，你泥中有我。与你生同一个衾，死同一个椁"等诗句时，或许很难想象，管道升写下这首词时内心的忧伤和无奈——她开始回忆，回忆在无数个春暖花开的日子，他们吟诗作画，相对乐陶然的情景；回忆他们在花前月下定情，在湖畔柳边许下爱情诺言的日子。她开始悔恨，悔恨自己因家庭琐事而忽略了丈夫的情感，悔恨自己不再在意生活中的细节，不再将曾经的温柔演绎得如痴如醉。

后人或许难以想象，当赵孟頫读到妻子这些深情款款的诗句时，内心的伤感和感慨。在他的回忆里，有太多太多值得永远珍藏的片段，在他们的生命里，有太多太多共同的故事。这些故事不应该由第三个人来分享，它是独属于这两个人的，就像诗句中所写的那样，"我泥中有你，你泥中有我。与你生同一个衾，死同一个椁"，她的生命已经融入他的血液，哪怕生死，也无法将他们分开。

他开始后悔自己娶妾的打算，他决定亲自去跟妻子和解。就这样，两个已入中年的人像一对青年恋人一样重新走到了一起，他们相拥而泣，为他们曾经拥有过的日子，为那些还未到来的岁月。

从此以后，赵孟頫再也没有起过娶妾的念头，这对恩爱夫妻相伴着走到了生命的最后一刻，而这首饱含着深情的《我侬词》，也成为他们爱情的象征，成为表达伉俪情深的千古绝唱。

"再捏一个你，塑一个我，我泥中有你，你泥中有我。与你生同一个衾，死同一个椁。"许多年后，还有无数的恩爱夫妻吟着这首词，携手走向幸福的人生。

管道升（元）／《渔父词四首》

（其一）

遥想山堂数树梅。凌寒玉蕊发南枝。山月照，晓风吹。只为清香苦欲归。

（其二）

南望吴兴路四千。几时回去霅溪边。名与利，付之天。笑把渔竿上画船。

（其三）

身在燕山近帝居。归心日夜忆东吴。斟美酒，脍新鱼。除却清闲总不如。

（其四）

人生贵极是王侯，浮名浮利不自由。争得似，一扁舟，吟风弄月归去休！

赵孟𫖯作为宋室皇室贵胄，却在宋亡后入元朝为官，这在讲究气节的封建时代是遭到后人诟病的，人们常常将赵孟𫖯与文天祥对比着谈论，甚至有人因此而不愿学习赵孟𫖯的书法，认为他没有气节。

的确，与"人生自古谁无死，留取丹心照汗青"的文天祥相比，赵孟𫖯显得世俗得多，没有骨气得多。但如果从人性的角度来分析，不用传统的观念去苛求古人的话，赵孟𫖯的所作所为是可以理解的。

因为每个人在世上的首要任务便是活下去，他没有必要为一个腐朽的、荒淫的、落后的朝廷陪葬进自己的才华、理想、抱负和生命。如果不是南宋朝廷已经溃烂到根部，元朝的铁骑又怎么会踏破临安城，将那些纸醉金迷的文臣武将通通掳去北方呢？

不过，赵孟頫在新的朝廷里生活得很委屈，他不得不小心翼翼，不得不委曲求全，因为他的身份与地位，他曾经想过离去，但或许是舍不得眼下的荣华富贵，或许是不堪忍受那归去后的寂寞与凄凉，赵孟頫在元廷中挣扎了很久。

作为他的妻子，管道升是希望赵孟頫归去的，毕竟女人没有男人那样的雄心壮志，她的一生所求，唯有相夫教子，夫妻恩爱，生活平静，更何况，他们可以在诗文书画中独自开辟一番自由的天地呢？

但是，管道升并没有强行地将自己的这种意志表达出来。作为女子，她深深懂得"夫唱妇随"的道理，既然丈夫放不下眼前的一切，自己又何必强行逆他心意呢？

直到有一天，赵孟頫从朝中大发脾气而回。

此时，这对恩爱夫妻已经走过了他们的中年危机，感情更加深厚和融洽，对于妻子，赵孟頫于恩爱中又多了几分敬重，那种相敬如宾的日子，常常让他觉得无比美好。

见丈夫勃然大怒，管道升温柔地迎了上去，柔声地询问发生了什么事。

赵孟頫张了张嘴，不知道如何跟妻子解释。原来，此刻的赵孟頫虽然晋升为翰林学士承旨、荣禄大夫，但在朝中依然受摆布而不得施展抱负，那些来自北方的元蒙统治者总将他视为异族，对他没有信任，还常常派人监视他，这让赵孟頫大为恼火。

见丈夫欲言又止，管道升心中明白，她没有再说什么，而是转身倒了一杯清茶，轻轻递过去，柔声说道："陶渊明的《归去来兮辞》，夫君可还记得？"

见丈夫还在沉吟，管道升轻轻念起了陶渊明《归去来兮辞》里的句子：

"归去来兮，田园将芜胡不归？既自以心为形役，奚惆怅而独悲？悟已往之不谏，知来者之可追。实迷途其未远，觉今是而昨非。舟遥遥以轻飏，风飘飘而吹衣。问征夫以前路，恨晨光之熹微"

"乃瞻衡宇，载欣载奔。僮仆欢迎，稚子候门。三径就荒，松菊犹存。携幼入室，有酒盈樽。引壶觞以自酌，眄庭柯以怡颜。倚南窗以寄傲，审容膝之易安。园日涉以成趣，门虽设而常关。策扶老以流憩，时矫首而遐观。云无心以出岫，鸟倦飞而知还。景翳翳以将入，抚孤松而盘桓。

归去来兮，请息交以绝游。世与我而相违，复驾言兮焉求？悦亲戚之情话，乐琴书以消忧。农人告余以春及，将有事于西畴。或命巾车，或棹孤舟。既窈窕以寻壑，亦崎岖而经丘。木欣欣以向荣，泉涓涓而始流。善万物之得时，感吾生之行休。

已矣乎！寓形宇内复几时？曷不委心任去留？胡为乎遑遑欲何之？富贵非吾愿，帝乡不可期。怀良辰以孤往，或植杖而耘耔。登东皋以舒啸，临清流而赋诗。聊乘化以归尽，乐夫天命复奚疑！"

不知不觉中，赵孟頫也放下茶杯，与妻子轻声念起了这首千古绝唱，他的心中也开始动摇，如此处境，不如归去了罢。

见丈夫还在沉吟，管道升没有再说什么，转身返回了自己的房间，一夜无话。

第二天一早，赵孟頫来到书房，只见书案上题着四首诗，一看便是妻子的笔迹，他走过去，只见纸上赫然题着"渔父词四首"。

"遥想山堂数树梅。凌寒玉蕊发南枝。山月照，晓风吹。只为清香苦欲归。"赵孟頫读完第一首，忍不住苦笑了两声，是啊，那种与山花为伴，"只为清香苦欲归"，何其轻松惬意，何其浪漫温馨，自己身在朝堂，已经远离这种日子很久了。

"南望吴兴路四千。几时回去雪溪边。名与利，付之天。笑把渔竿上画船。"回收江南，赵孟頫已经离开很久了，他常常将思乡之情深藏在心中，仿佛早已将江南忘却，但事实上，江南的山水和诗不在他的心头荡漾吗？"名与利，付之天"，妻子一言道破，自己舍不得归去，就是因为放不下名和利。

"身在燕山近帝居。归心日夜忆东吴。斟美酒，脍新鱼。除却清闲总不如。"读完这首诗，他想起自己年轻时与妻子发的誓愿：唯愿此生终老青山，与风月相伴。如今名利缠绕，自己也不知道将年轻时的誓言忘却到何方了。

"人生贵极是王侯，浮名浮利不自由。争得似，一扁舟，吟风弄月归去休！"

面对妻子更为直接的劝诫，赵孟頫彻底觉醒了，是的，与人生的自由相比，还有什么更重要呢？何况，妻子多病，北地的气候实在不适合她静养，既然如此，还留恋这王侯的身份做什么呢？

第二天，赵孟頫便将请辞的书表递交给朝廷，但遭到了朝廷的拒绝，直到延祐五年，管道升脚气病复发，赵孟頫再次上书，言辞十分恳切，朝廷见赵孟頫多次上书请求，便于次年四月允许他送夫人南归。就这样，这一对恩爱夫妻归去的愿望终于达成了。

遗憾的是，他们还没有来得及享受那种闲云野鹤的生活，管道升便于延祐六年五月十日病逝于舟中，三年后，赵孟頫悲痛过度，也伴随妻子而去，这对生前无比恩爱的夫妻，最终实现了"与你生同一个衾，死同一个椁"的愿望，两人合葬于湖州德清县东衡山南麓。

珠帘秀（元）／《正宫·醉西施》

检点旧风流，近日来渐觉小蛮腰瘦。想当初万种恩情，到如今反做了一场僝僽。

害得我柳眉颦秋波水溜，泪滴春衫袖，似桃花带雨胭脂透。绿肥红瘦，正是愁时候。

她是前无古人、后无来者的元代戏剧皇后，元代夏庭芝在《青楼集》中，称赞珠帘秀"杂剧为当今独步，驾头、花旦、软末泥等，悉造其妙"。

她是色艺俱佳的官妓，个性独立，貌美如花，虽身在勾栏，心却如男儿一样刚烈。

她是一代戏剧大师关汉卿的红颜知己，他们之间演绎了一段可歌可泣的爱情。

她也是关汉卿无数优秀剧作如《救风尘》、《望江亭》的女主人公的人物原型，她的刚烈与机智，她的泼辣与英勇，被关汉卿展现得淋漓尽致。

她最美的时候是在舞台上，但卸去妆容之后的悲伤，有谁能够看到呢？

在当时人的眼中，珠帘秀的绝代风华是这样的——

才欢悦，早间别，痛煞煞好难割舍。

画船儿载将春去也，空留下半江明月。（卢挚《双调·寿阳曲·别珠帘秀》）

轻载虾万须，巧织珠千串，金钩光错落，绣带舞蹁跹。似雾非烟，妆点就深闺院，不许那等闲人取次展。摇四壁翡翠浓阴，射万瓦琉璃色浅。

富贵似侯家紫帐，风流如谢府红莲，锁春愁不放双飞燕。绮窗相近，翠户相连，雕栊相映，绣幕相牵。拂苔痕满砌榆钱，惹扬花飞点如绵。愁的是抹回廊暮雨萧萧，恨的是筛曲槛西风剪剪，爱的是透长门夜月娟娟。凌波殿前，碧玲珑掩映湘妃面，没福怎能够见。十里扬州风物妍，出落着神仙。

恰便似一池秋水通宵展，一片朝云尽日悬。你个守户的先生肯相恋，煞是可怜，则要你手掌儿里奇擎着耐心儿卷。（关汉卿《南吕·一枝花·赠朱帘秀》）

一个色艺俱佳的女子，举手投足之间风情万种，因为迷倒了天下文人雅士。然而，她虽然是以色事人的妓女，却并未沦落风尘，她的爱情与思念，她的美丽和芳华，全部寄托在一代剧作家关汉卿的身上。

一个女演员与一个男编剧之间的爱情故事，倘若放在现代，一点也不让人惊讶。然而，在元代社会那个倡优被称之为下九流的时代，珠帘秀不爱出身王侯的男子，却将一腔爱情寄托在社会地位底下的"书会才人"关汉卿的身上，可见这个女子的不同凡俗。

田汉曾经在剧作《关汉卿》中描写过一段珠帘秀的独白唱词，或许可以作为关汉卿与珠帘秀的爱情注解："你敢写，我敢演，生死祸福两相连，帘秀自从那日起，早已打算有今天，迟与早都一般，有几人活百年。近日心里清似水，我们与大家心相连。百姓痛恨阿合马，我们也同心共意斗权奸。王著他为民除害不惜死，我们也站在王著这一边，窦娥她生前宁死不低头，死后复仇把魂显。你看我，身穿窦娥衣，足踏窦娥鞋，台上台下乱真假，戏里戏外难分辨，我要像窦娥在刑场前，一腔热血洒白练。郝桢逼你把戏改，不改戏词有大罪，我劝你连夜就避走，谁知你隔天晚上又赶来，难道你那样爱看戏？"

而这首《正宫·醉西施》同样展现的是珠帘秀对关汉卿的一腔热恋之情。

有道是："诗庄词媚曲白"，言下之意是诗歌庄重，词柔媚，而曲则直白，但珠帘秀的这首套曲，写得却如宋词一般的柔媚，点点滴滴都是风情。

"检点旧风流，近日来渐觉小蛮腰瘦。"为什么小蛮腰瘦？答案只有两个字：相思。一言道尽无限春情。"想当初万种恩情，到如今反做了一场僝僽。"思念的人不来，当初的万种恩情也只能徒增闲愁万种，无人开解，无人理会。

"害得我柳眉颦秋波水溜，泪滴春衫袖，似桃花带雨胭脂透。"这句话描写的是闺中女儿的思念之态，"泪滴春衫袖，似桃花带雨胭脂透"，让人想起《红楼梦》中黛玉葬花的场景。

"绿肥红瘦，正是愁时候"化用了前人李清照的"知否知否？应是绿肥红瘦"，不言思念，但相思之意却更深一层。

珠帘秀最终并没有和关汉卿走到一起，而对于她的晚年，史书上也没有太多的记载，这个风华绝代的女子在大都和扬州拥有过最绚丽的时刻，等待凋零之时，却是那样的静悄悄，无人理会。

薛兰英　薛惠英（元）／《苏台竹枝词》（十首）

姑苏台上月团团，姑苏台下水潺潺。月落西边有时出，水流东去几时还？

馆娃宫中麋鹿游，西施去泛五湖舟。香魂玉骨归何处，不及真娘葬虎丘。

虎丘山上塔层层，静夜分明见佛灯。约伴烧香寺中去，自将钗钏施山僧。

门泊东吴万里船，乌啼月落水如烟。寒山寺里钟声早，渔火江风恼客眠。

洞庭余柑三寸黄，笠泽银鱼一尺长。东南佳味人知少，玉食无由进上方。

荻芽抽笋楝花开，不见河豚石首来。早起腥风满城市，郎从海口贩鲜回。

杨柳青青杨柳黄，青黄变色过年光。妾似柳丝易憔悴，郎如柳絮太颠狂。

翡翠双飞不待呼，鸳鸯并宿几曾孤。生憎宝带桥头水，半入吴江半太湖。

一纲凤髻绿如云，八字牙梳白似银，斜倚朱门翘首立，往来多少断肠人？

百尺高楼倚碧天，栏杆曲曲画屏连。侬家自有苏台曲，不去西湖唱采莲。

竹枝词原本是巴蜀地区的一种民歌体，后来演变为文人诗体，不过依然带有浓郁的民歌特色。薛兰英、薛惠英的这十首《苏台竹枝词》很有"姑苏特色"。

薛兰英、薛惠英是一对同胞姐妹，她姐妹二人不仅因此十首竹枝词而有名，更有一段离奇曲折的故事。

苏州自古便是富庶之地，才子云集，更有"上有天堂、下有苏杭"的美称，薛氏姐妹正是住在这座秀丽、典雅，小桥流水环绕的姑苏城内。

如果你去过苏州城，一定忘不了拙政园的稻花小径、狮子林那怪石嶙峋的石园，抑或定园西施的"妆镜台"，留园通幽渡壑冠云峰。游累了，停下来聆听寒山寺的钟声，仰望虎丘塔……流恋忘返，岂不快哉？

薛氏姐妹的父亲是一位米商，每日里早出晚归，多年来终于靠勤劳的双手致富了，于是在姑苏城间阊门外买了一处院子，这里离著名的留园不远。薛父看着留园移步易景，别有洞天，也命人修了个景致特别的园子。

兰英、惠英两姐妹渐渐长大，不仅越来越漂亮妩媚，而且十分聪慧，很讨人喜欢。中国古代是个"重农抑商"的社会，商人的地位很低，尽管他们收入不菲，甚至超过了一般的官员，但是常遭人白眼，人们常用"一身铜臭"来形容他们。

薛父清楚地知道，身为商人之女的两姐妹，不会有太好的姻缘，这让父亲看在眼里，急在心里。为了让两个女儿摆脱小家子气，能用高贵的气质让两个女儿嫁到好人家，薛父不惜花重金请了教书先生，教两姐妹诗词歌赋，琴棋书画。聪慧的薛氏姐妹成绩相当优秀。

不仅如此，薛家新宅后宅，薛父命人建了一座绣楼安置她们姐妹俩，眼见绣楼竣工，姐妹两人商量，不如就用我们姐妹两个的名字为这座绣楼命名吧，于是此楼便为"兰惠联芳"楼。

承天寺有位和尚雪窗善于画兰蕙，薛父命人粉刷了墙壁，并邀请雪窗在墙上绘画。两姐妹每天在这景致如画的绣楼里连吟对唱，才思如泉涌，佳句连连。

彼时，苏州城最流行的诗作当属绍兴文人杨维桢创作的《西湖竹枝曲》，用雕版印行，前来应和的人超百余。一天，薛父将这本书拿给两姐妹看，二人看后笑道："西湖有《竹枝曲》，我两姐妹就来个东吴《竹枝曲》吧！"

于是两姐妹效仿《西湖竹枝曲》与了《苏台竹枝词》十首，并将她们在绣楼里联吟的诗句与之一起集结成册，取名《联芳集》，薛父命人帮其出版，一时间誉满姑苏城。世人都称此二女词堪比汉代的婕妤班昭，又或蔡琰胡茄再生，李清照、朱淑真后再无此女子能与之相提并谈。

两姐妹的才华亦为她们带来了一段曲折的"好姻缘"。

闺门多暇。古代女子多数大门不出二门不迈，并不因为薛氏姐妹是商人之后就可不顾礼教。她们每天只在这片小天地里吟诗作画，久而久之感到自己身处的是"寂寞梧桐深院"。

薛氏姐妹的绣楼临近运河，往来的船只都要经过这里，两姐妹常常坐在窗前看着运河发呆，偶尔低吟："惟有楼前流水，应念我终日凝眸。"

不久，她二人便平添了一段新愁——大族出身的郑生，其父与薛父交往亲密，郑生来苏州做生意便将船泊在了绣楼下。郑生是个"高富帅"，哪个年轻貌美姑娘不喜欢？一日，薛氏姐妹又在窗前凝眸，恰遇郑生正在船头看书，姐妹俩促狭地将个果子从楼上扔到郑生前，郑生抬望眼，却见姐妹俩咯咯地笑着。

年轻的郑生见两位姑娘长得如此清秀貌美，又怎不动心？但亦无奈那高高的绣楼，岂是自己一介酸书生可攀上的？

这天，月华如练，银河垂地，郑生酒后微醺独坐船头感叹自己无法向薛氏姐妹表达爱意。也许心有灵犀，这晚薛氏姐妹亦无眠，又坐到楼前，借着皎洁的月光，正见郑生感叹。

此时夜深人静，月落星移，万籁俱寂。二女想起"烛之武退秦师"的故事，用绳索放下个竹网，垂到郑生前，二人合力将其拉上了绣楼。

三人难掩兴奋，薛氏姐妹立即铺纸研墨，要和郑生较量诗词。这郑生也是个诗词高手，如伯牙遇子期般觅得了两位秀外慧中的女子，郑生何乐不为？

这一晚，三人足足对了一晚的诗，好不快活。直到天微亮，二女才又悄悄将郑生缀入楼下。一连几天夜晚，薛氏姐妹都用同样的办法与郑生相会。

虽说三人在一起谈古论今，吟诗作对，但三人心里都明白，这并非长久之计。情窦初开的薛氏姐妹早已将一颗芳心许给了郑生，而腼腆的郑生此刻却说不好究竟是喜欢兰英的才思与貌美多些，还是喜欢惠英的辞采与娇憨多些。

又一个月圆之夜，郑生再次顺着绳索进了两姐妹的绣楼中，他惆怅地说："我客居姑苏，常常夜入两位小姐的闺房与你们联吟，终究不是长久之事，况一旦事情败露，岂不毁了两位小姐的闺誉？"

的确，在那个时代，女儿家的闺誉可是比天还重要，两姐妹亦清楚。兰英说道："郑公子多虑了，我们姐妹也是读过女四书的，岂是那不懂礼法之人？"兰惠接道："只是我们姐妹真真地爱上了公子你，如蒙公子不弃，我们这就求父亲帮我们行问名、纳采之礼，如何？"

郑生听了既意外又感动又意外。当即郑生便回家求父亲与郑父说媒，行了六礼，"抱得美人双双归"。

因十首"竹枝词"，成就了薛氏姐妹的好姻缘，而细品这十首词，亦可看作是游览苏州城的"攻略"，从景致、历史、典故俱有，且读之节奏明快，朗朗上口。

黄峨（明）／《天净沙》

哥哥大大娟娟，风风韵韵般般，刻刻时时盼盼，心心愿愿，双双对对鹣鹣！

娟娟大大哥哥，婷婷弱弱多多，件件堪堪可可，藏藏躲躲，唧唧世世婆婆。

黄峨，字秀眉，四川省遂宁市人，世称黄安人、黄夫人。蜀中多才女，黄峨又是一个典型，她自幼博通经史，能诗文，擅书札，小小年纪便有不凡的创作。

古语云："诗庄词媚曲谐"。经历了宋词的繁荣、元曲的兴盛，明代的词自然难逃"曲化"的命运。这首词入眼皆为叠字，读起来文气稍减而谐趣有余。叠字入词，总是避不开李清照的《声声慢》的开头："寻寻觅觅，冷冷清清，凄凄惨惨戚戚。"读时唇齿之音萦绕耳畔，宛如秋风秋雨中孤独的李清照那细密的心思一点点在唇齿间吞吐。虽然说宋词中的婵娟非李清照莫属，那么巧的是这首叠字运用得如此充盈的小词的作者——黄峨，被人们称为"词中易安"。

黄峨的人生经历或许与李清照真的有几分相似。出身大户人家年少闺中的天真烂漫，嫁与能"赌书泼茶"的明代成都状元杨慎，两人伉俪情深。再到中年的夫妻流离。黄峨写作此词的时候，一如年轻的易安，哪里料想得到人生的风雨无常。

"哥哥大大娟娟，风风韵韵般般"，在爽脆的音韵节奏中，年轻的哥哥与妹妹出场了。哥哥的年少倜傥，妹妹的青春美丽，都在风风韵韵中细细传达出来。而一个"般般"，除却对少年男女的青春姿态的描摹，更是一种成双成对，般配无两的信息的潜在传递。

"刻刻时时盼盼，心心愿愿，双双对对鹣鹣!"在情人的眼中，时间简直是飞逝，恨不得每一刻都与对方厮守，也无比祈盼能够两情相好终相老。"刻刻时时"四字在前，仿佛一分一秒，都在心上划着，都不能忽视，而这刻画的、不能被忽视的，就是"盼盼"就是两个人的期许啊。心心愿愿，不为别的，就为能够如鸟儿般比翼成双。

如此热烈、如此纯粹、又如此简单的感情，真是年少所独有的!

再看下片，"娟娟大大哥哥"哥哥与妹妹倒过来说，有一种民歌的重章复沓之感，但紧跟着"婷婷弱弱多多"，上片那浓烈得要烤化人心的情感，却在"婷婷弱弱"间，有了一点典雅庄重。"件件堪堪可可，藏藏躲躲，唠唠世世婆婆。"少年男女之间有多少细微的事情都成为了牵涉感情的"重大事件"，说不完的绵绵情话，逗不尽的躲躲藏藏。青春的年纪，最遮不住的就是欢乐与奔放。

这首词中的大量叠词都是形容词，那成双成对的形容词，宛如少男少女于眼前，就是那样一对天真又热烈、亲密成对的人儿啊。能写出这样的词的女子，也应该有着青春烂漫的少女时代吧。

果然，黄峨出身书香门第。父亲是工部尚书，对于这个女儿也是百般疼爱。黄峨如李清照一样，从小聪明伶俐，诗文词曲样样皆通。才高气傲，一般的男子黄峨也看不到眼里。直到二十余岁还未婚配，要知道这在古代已经是有些步入"大龄剩女"的危机了。

黄峨选择了为一位妻子病故的男子作续弦。这在今天看来是让人有些唏嘘的选择，在黄峨眼中，却是只见对方才华，无意他人言语的。而她选中的夫婿——状元郎杨慎，杨慎二字放到今天或许并非路人皆知，但他的笔下词作却是妇孺皆晓——

滚滚长江东逝水，浪花淘尽英雄。是非成败转头空，青山依旧在，几度夕阳红。

白发渔樵江渚上，惯看秋月春风。一壶浊酒喜相逢，古今多少事，都付笑谈中。

这首《临江仙》因成为《三国演义》的开篇词而脍炙人口，而它的作者正是黄峨的夫君杨慎。

明正德十四年（公元 1519 年），黄峨从"尚书女儿知府妹"的身份一变成为"宰相儿媳状元妻"或许只是外人眼中的"门当户对"，而夫妻志趣相投，琴瑟和鸣才是黄峨的追求。

然而婚后的好景不长，明武宗去世，明世宗继位。明世宗是武宗之弟，并非武宗之子，却要将自己已故的生父的牌位迁入太庙，这一越礼的行径自然遭到包括杨氏在内的众臣的反对。而世宗也欲借此铲除异己，杨慎被杖责后发配云南。黄峨闻讯悲痛万分，誓与丈夫同生死。黄峨一路细细呵护重伤的丈夫南下，却也正好粉碎了世宗所派锦衣卫企图半途劫杀杨慎的阴谋，或许这"刻刻时时"不离左右的陪伴，才成就了"心心愿愿""双双对对"的年少期许吧。

古人的道路不像今天的高铁、飞机，万里征程不消多时便抵达。行至贵州，随已无锦衣卫的暗中威胁，但于目的地云南却是"道阻且长"，杨慎极力劝说妻子黄峨回蜀地故居，那里也有年迈的双亲，幼小的婴儿需要黄峨。临别之际，杨慎触景生情，作了《临江仙·江陵别内》一词：

楚塞巴山横渡口，行人莫上江楼。征骖去桌两悠悠，相看临远水，独自上孤舟。

却羡多情沙上鸟，双飞双宿河洲。今宵明月为谁留，团团清影好，偏照别离愁。

那"双飞双宿河洲"的期许，与年少时黄峨笔下的"双双对对"是那样的呼应，然而一则是青春年少的热情祈盼，另一则则是中年离别的苦苦钦羡。

面对这样的情景，黄峨的笔下再无年少的明朗热烈，而是道不尽的相思惆怅。黄峨在《罗江怨·阁情》中这样写道：

空庭月影斜，东方亮也。金鸡惊散枕边蝶。长亭十里、阳关三叠，相思相见何年月。泪流襟上血，愁穿心上结，鸳鸯被冷雕鞍热。（其一）

从年少时的青春烂漫，到婚后的琴瑟和鸣，再到突如其来的夫妻分别，而后来的故事也并不美好，直至黄峨花甲之年，杨慎被迫害致死，黄峨在孤独终老的晚景中，或许欣慰的唯有诗书与回忆的陪伴吧。

黄峨（明）／《寄外》

雁飞曾不到衡阳，锦字何由寄永昌？

三春花柳妾薄命；六诏风烟君断肠。

日归日归愁岁暮；其雨其雨怨朝阳。

相闻空有刀环约，何日金鸡下夜郎？

这首诗的作者是被称为"曲中易安"的才女黄峨。虽然明代词曲尘下之作极多，但仍不少佳作。而擅长曲作的黄峨诗词亦佳。然而"语到沧桑句便工"，书香门第出身的黄峨，少女时的天真烂漫的生活一去不复返。丈夫因政局动荡，蒙冤含屈，发配云南，身陷囹圄。在蜀地家中操持的黄峨将内心中煎熬的情感付诸笔端，写下了这首《寄外》。

范仲淹说"衡阳雁去无留意"。古人认为衡山南峰有一座"回雁峰"，相传大雁来去以此峰为界。宋之问说"阳月南飞雁，传闻至此回"。古诗中的衡阳雁就是一部说不完的离别血泪史。而在黄峨的笔下，"曾不到"简简单单三个字，却有多少无奈与辛酸，有多少面对现实的无力与苦苦执着的期盼蕴含其间。不曾到，虽然前无古人，虽然万般无奈，但内心对于丈夫的呼唤，对于传递音信的渴望却是有增无减的。

"雁字回时，月满西楼"，李清照那时的相思是淡淡的惆怅，"云中谁寄锦书来?"也是一种款款的自问。而永昌,黄峨夫君被发配的地方,却是在西南边陲,在云南西部。道路阻隔,锦字难托。"何由"二字,一声诘问,一声叹息,多少山水迢递,多少艰难险阻,多少期盼落空,都喻托这两字之内。

花柳轻浮薄命本是自嗟之词。而三春既是一年之三春,又是年年之春。年年如浮花败柳,年年皆不得夫妻团聚,这样的生活何时是个尽头?而今夫君被发配唐代六诏故地,音讯阻隔,唯有遥想,想对方也因思念而断肠。多少风烟起,多少风烟聚,多少风烟散。斗转星移,时光飞逝,春去春来,烟起烟灭。然而这惆怅,这思绪,却无解无说。

男女之间的离别在诗中本是平常之事,古代路途交通的不便更是加重了这一内容在人情感中的分量。然而黄峨的笔下,不仅仅拘泥于一般的男女怨别,相思之苦。而丈夫因正直而远发边疆,心中的正气却未曾泯灭。"式微,式微!胡不归?"(《邶风·式微》)辽远的先民的呼唤,《诗经》中的意象穿越千年,重新在黄峨的笔下燃烧出炽热的感情。"曰归曰归"是回答,而这回答却没有期限——"说回来啊说回来",这回答也不过是两个人内心的自我安慰罢了。然而,因为有了《诗经》背后作力量,这相思怨别却又增添了几分雅正的味道。

对句巧妙,继续用《诗经》典故。"其雨其雨"(《卫风·伯兮》)本是思念丈夫归来的期盼。然而朝阳碎梦,"曰归"都成梦幻泡影,不胜感伤。

由颔联入颈联,由现实的慨叹转入借典抒怀,却真实自然,不呆板,不做作,但寻常离怨,平凡情感都在文字之间显示出非凡的力量。而尾联继续用"刀环有约"之典,可是还乡无日,一个"空"字,白白的,一切的期盼,一切的倾诉,一切的思念都消磨于千里路,蹉跎于时光中,消耗殆尽。末句化用李白"我愁远谪夜郎去,何日金鸡放赦回。"诗句,将无限的思念与期待蕴藉于句中。

整首诗写黄峨对被流放于滇南边陲丈夫的思念，雅正而不失自然。在当时这篇《寄外》即成为黄峨脍炙人口的诗作。

黄峨远在云南的丈夫杨慎也是当年的状元，因饱读诗书才华满腹才被黄峨相中。对于颇富才情的妻子的思念，也日日困扰着杨慎。杨慎笔下的《画眉关忆内》、《离思行》也处处吐露着对妻子的深深思念。杨慎的《青蛉行·寄内》（二首），特别是其一与黄峨此作遥相呼应：

其一
青蛉绝塞怨离居，金雁桥头几岁除。易求海上琼枝树，难得闺中锦字书。
其二
燕子伯劳相寺眠，牵牛织女别经年。珊瑚宝树生海底，明星白石在天边。

一边是"锦字何由寄永昌"，一边是"难得闺中锦字书"，千里唱和，这份深情也令人动容。

但是，政局未曾为这对颇具才华的夫妻一点点松动的希望。果如黄峨诗中所言，年复一年，"曰归"都成为朝阳升起的"其雨"之唤，在绝望中，黄峨又写下《又寄升庵》（杨慎字升庵）一诗：

懒把音书寄日边，别离经岁又经年。
郎君自是无归计，何处青山不杜鹃！

从感慨"锦字如何寄"到"懒把音书寄"，这是"经岁又经年"的别离之后，黄峨的心灰意冷。即便如此绝望，末句"何处青山不杜鹃"仍虽怀悲痛但不失力量，这就是黄峨，她的笔下有愁肠百转，有相思离别，但也有一种坚韧的力量，支持着她等待，又等待。

等待中终于等来了杨慎年已七十岁，按照明朝法律，罪犯年满七十即可归乡。然而，当年迈的杨慎在刚刚启程归蜀的路途中，便又被抓回云南，在悲愤恨闷中，杨慎含冤而逝。

黄峨终究没有等到金鸡下夜郎，没有等到天雨君归，她亦不惜花甲之年，赴云南奔丧，运杨慎棺椁而归。最终，黄峨于蜀地病故，与杨慎合葬，终究在地下圆了团圆之梦。

朱妙端（明）／《客中偶成》

异乡久为客，风雨阻归程。

两岸数峰碧，孤舟一羽轻。

篷窗残烛在，烟树早鸦鸣。

坐待东方曙，依稀见海城。

明代虽一直被视为诗词凋敝的时代，但却也是一个才女"井喷"的时代，特别是在江浙，富庶人家与书香门第培养出颇具才情的闺中女子，而朱妙端就是其中之一。

朱妙端，字仲娴，又字令文，号静庵，海宁（今属浙江）人，后人曾在《玉镜阳秋》评论她说："上方古人，可接李清照、郑允端之武；下视近代，颇出陆卿子、徐媛之右。"而清王士禄《宫闺氏籍艺文考略》则引《碧里杂存》这样评价道："静庵博学高才、遗文垂后、才识纯正、词气和平、笔力雄健，真闺门之懿范，女德之文儒也。"

虽然长于闺阁之中，妙端的笔下却有男子之气。在江南诸多才女中，"闺品之豪"的美誉也落在了妙端的头上。而这一首《客中偶成》，不见丝毫闺阁之语，颇能代表妙端的诗风。

客居在外是古代士人男子或因科考，或因为官，或因经商不得不漂泊的一种状态。因此客居的诗篇数不胜数。而常常囿于闺中的女子缺乏相应的生活体验，闺中怨情多，风云气色少就成为了创作常态。

妙端此诗，起句"异乡久为客"既化用王维"独在异乡为异客"名句，而与王句不同的是，王句强调"异乡""异客"之"异"，而妙端句以五言中第三字"久"为转轴，强调漂泊时间之久。而对于久泊在外之人，若得归程该是多么的欣喜啊，但是缘何如此之久不能得归？紧接着第二句"风雨阻归程"，平常字句，平常用法，却用风雨道尽人间种种阻碍归家之由。

好的诗歌在于给人以兴发感动，而且以最朴素的字句语言，拨动不同时代、不同背景的读者的心弦。风雨可以喻指一切自然界与人世间，特别是政治方面的阻碍。仅仅起笔这两句，就给了所有长期漂泊在外的人以共鸣，这绝对超越了闺阁的范围，而达到普世众生的境界。

虽然起笔有些感伤，色调有些黯淡，但作者笔锋一转，进入景致的描写。"两岸数峰碧，孤舟一羽轻。"既点名作者是乘船于水路，更用一个"碧"字将原本黯淡的诗篇点得明丽起来。而虽是孤舟，但"一羽轻"的比喻却让人忘记孤独寂寞，忘记忧伤，有一种喜色暗含其间。而"舟""轻"二字融于一句，不由得让人联想到太白"轻舟已过万重山"之句，归乡之感隐于句间。

作者在前两联的感情由黯淡转入明丽，而在颔联又一次出现转折——"篷窗残烛在，烟树早鸦鸣。"篷窗，符合小舟特点，残、烟、早，又营造了一种迷茫的落寂气氛。残烛在，说明烛火点燃已久，而早字进一步点明了天将破晓，更见主人公彻夜未眠之苦。而一个"在"其实是蜡烛燃尽之后的静态，而一个"鸣"字，打破了一切的平静，静中有动，画面感极强。

尾联"坐待"诠释上文"篷窗残烛在"一句，"东方曙"承"早"，严密完整，而"曙"字充满了光明与希望，这等待也就不是飘萍，而是有了依托，整首诗也从颔联的迷茫落寂再次转入了希望与生机。最后一句"依稀见海城"，依稀符合此时此景，而渐渐靠近"海城"（故乡）的喜悦也透过貌似平淡的尾句，在内部积蓄着能量逐渐传达出来。

综观整首诗，作者将其实要"归乡"的谜底隐藏于最后，却不断在前面埋下伏笔，给予我们暗示。而短短八句中感情的两次起伏更是制造了阅读的波澜。全诗色彩的变化、动静的调和，平静而不失味道的用字，都让这首诗俨然可以混迹唐人之作。而出于一个女子之手，的确是难得。

然而这样一个颇具才情的女子，却所嫁非偶，不得丈夫的理解。所以史载其发出了"可怜不遇知音赏，零落残香对野人"的慨叹。知音难求一直是古往今来男子的心声，而"零落残香"之喻又恰合自己身份，"香"、"野"之间，数不胜数的惆怅无奈，不得与他人言说。

相比文学史上的诸多薄命才女，朱妙端可以称得上长寿之人，她晚年随子迁居江宁，一直活到了八十多岁，但是，由于丈夫早死，那种寡居生活的寂寞和无奈，也只有她自己深谙其味了。

徐媛（明）／《霜天晓角》

帆轻一扇，晓色碧涟秋岸。林破寒烟，星河淡落，青山如染。露浥芙蓉茜。翠涩枯棠瓣。傍疏柳、西风几点。关铎沉，鸡塞远。

行行尚缓。家在绿云天半。念归舟游子，一片乡心撩乱。菊黄金绽满，首插茱萸遍。对旅雁沙汀，盼杀白苹秋苑。

明代江浙出身的才女不可胜数，徐媛则是其中的翘楚。徐媛嫁给了名臣范仲淹的后代范允临，二人互相唱和，可谓琴瑟和鸣。虽然相较于"红颜薄命"的谶语，徐媛的人生算是比较幸运，但可能出于女性本身的敏感多情，在其作品中却屡见哀调。或许如徐媛在自己的《续春思赋》中所言："予本恨人，惊魂无定。载成斯制，广写幽忧，可谓千古伤心，一时遥集者矣。"

徐媛的著名作品有《诫子书》："儿年几弱冠，懦怯无为，于世情毫不谙练，深为尔忧之。男子昂藏六尺于二仪间，不奋发雄飞而挺两翼，日淹岁月，逸居无教，与鸟兽何异？将来奈何为人？慎勿令亲者怜而恶者快！兢兢业业，无怠夙夜，临事需外明于理而内决于心。钻燧取火，可以续朝阳；挥翩之风，可以继屏翳。物故有小而益大，人岂无全用哉？

习业当凝神仟思，戢足纳心，鹜精于千仞之巅，游心于八极之表；潜发于巧新，撷藻于春华，应事以精，不畏不成形；造物以神，不患不成器。能

174

尽我道而听天命，庶不愧于父母妻子矣！循此则终身不堕沦落，尚勉之励之，以我言为箴，勿愤愤于衷，毋朦朦于志。"

后人认为这篇文章可以与诸葛亮《诫子书》相提并论，由此也可以看出，徐媛是一个相夫教子的典型淑女。

这首《霜天晓角》起笔轻盈，"帆轻一扇"句巧用比喻，以"轻"字做关节，腾挪自如。"晓色碧涟秋岸"，六字句平衡是关键，点明了小时间背景（晓）和大时间背景（秋），而碧之美色以"涟"字晕染荡漾开来，颇具画面美感。

如果说作者的笔触是一台相机，那么起笔之后，这台相机给了我们一个整体的远景："林破寒烟，星河淡落，青山如染。"烟非能破，而是清晓烟霭之气渐渐散去，林木渐显形态，星河淡落进一步推进时间，到青山如染，天色已放亮，而我们的视线也随着作者的笔触沿：林木—星河—青山划过了一道弧线。

大的镜头结束，作者又拍了一个特写，"露浥芙蓉茜。翠涩枯棠瓣。"镜头对准的是植物。清晨的露水打湿了芙蓉花，"茜"字写出经过露水的芙蓉的淡淡之美。而"涩"字用字细微入里，形容词动词化。已经是秋季，枯棠瓣早已残落，余下的枝条的那一抹翠绿，也生出涩涩之感。状景至此，已渐转悲凉。

镜头进而由景转向人："傍疏柳、西风几点。关铎沉，鸡塞远。"柳枝已疏，西风是秋的讯息，而"几点"西风，随风不强劲，但却疏见悲凉。联想到关铎鸡塞，思念征人的情感渐渐在片尾浮现。

下片起笔"行行尚缓"，从起笔开始便让人联想到古诗十九首"行行重行行"的遥远绵长。缓字更增添了归期不到的惆怅。"绿云天半"，何等美妙，何等清高的环境，但却又是何等辽远，何等难以抵达。"念"字一字领两句，

"误几回、天际识归舟"原本渴望归乡的游子，更在这秋季撩乱了心绪，但又不知究竟何时可以归乡。

"菊黄金绽满，首插茱萸遍。"由人的愁绪进一步转入情景交融的叙写。正是菊花绽放的金秋，但"遍插茱萸少一人"，这良辰美景更与何人说？由直接的表达心绪转而间接地倾吐心声。最后"对旅雁沙汀，盼杀白苹秋苑"。时间、地点、心情、物象，几者交融，收束全篇。一个对字，不能对思念的人儿，只能对旅雁，对沙汀，对所有能和将要归来的人产生丝丝缕缕联系的物象，所有的期盼，都融化在这秋季之中了。

这首《霜天晓角》上片起笔大气，环境点染恰到好处，下片情思入微，情景交融，是一篇佳作。

徐媛还有一首《霜天晓角·过采石矶题蛾眉亭》："练波飞渺，月挂弓弯皎。云湿林皋，香封幽气，土花岩老。风撼蛟龙啸，江白渔歌杳。楼锁冷烟迷眺。剥绣斑，平沙晓。双鸢斗碧，寒玉雕秋壁。两道凝螺天半横，无限青青色。拍岸涛声急，似鼓临邛瑟。绿窗鸾去镜台空，留得青山迹。"其意境与格调与《霜天晓角》相似，无论是对景物的描写，还是对情感的抒发，都能读出女子的敏感与情思，让人可喜可叹。

方维仪（明）／《伤怀》

长年依父母，中怀多感伤。奄忽发将变，空室独彷徨。此生何蹇劣，事事安可详。十七丧其夫，十八孤女殇。旧居在东郭，新柳暗河梁。萧条下霜雪，台阁起荒凉。人世何不齐，天命何不常。孤身当自慰，且免摧肝肠。鹡鸰栖一枝，故巢安可忘。

明清的"桐城派"是文学史上必然要留下浓墨重彩的一笔的带有地域性的文学流派。而桐城"桂林方氏"则是桐城派中的望族。方维仪作为大理寺少卿方大镇的女儿，自幼秉承家学，读书明理。然而世事难料，方维仪于十七岁嫁与丈夫姚孙棨，出嫁时姚已病重，尽管她悉心服侍，但不久丈夫仍去世。去世之后方维仪生下遗腹女，但婴儿九个月竟也夭折。丧夫丧女之痛，落在不足二十岁的方维仪的身上。而这首《伤怀》诗，就吐露了她对于自己命运的感慨。

"长年依父母，中怀多感伤。"儿时与父母相伴相依的温馨与中岁的感伤情怀在诗歌的开头就形成了对比。而"感伤"一方面点《伤怀》之题，另外一方面就以感伤为核心，下文的展开作提示。

"奄忽发将变，空室独彷徨。""奄忽"二字，写人生之突然难料，给人风云之变的大转折感，而乌发青丝，也是美好青春随身世之变而空空流逝。

后一句五字之内，"空"、"独"、"彷徨"字字皆凄凉，写出目前的人生状态。

"此生何蹇劣，事事安可详。"这是一句承上启下的转折句，既嗟叹自己的一生坎坷，又开始为下面铺叙人生的种种遭遇作总起：

"十七丧其夫，十八孤女殇。"正如前文所言，方维仪出嫁不久夫死，之后遗腹女也夭折，人生的种种不幸都降临在这个弱女子身上。她在刚刚面临这样的打击时，也写下了《死别离》一诗来表达内心的悲伤："昔闻生别离，不言死别离。无论生与死，我独身当之。"与常见的夫妻分别、子女与父母分别的生别离不同，年纪轻轻的方维仪就经历了"死别离"这样沉痛的打击，然而面对这样的打击"我独身当之"中有万分孤寂，但"当"一字也显示了方维仪作为弱女子的坚强。虽然方维仪也在诗中感叹"人生不如死"，但她仍然选择了坚强。

年纪轻轻便守寡的方维仪不忍在婆家的风言风语，随即回到娘家与姊妹居住，将住处命名为"清芳阁"。虽是回到娘家，但方维仪坚持守节，亦未断诗书之事。

"旧居在东郭，新柳暗河梁。萧条下霜雪，台阁起荒凉。"回到娘家的方维仪，回想过去的种种，不禁感慨万千。旧居在东郭，那城东的故居，柳树已经长出新枝，繁茂的柳荫使得河水失去了点点浮光。但人世间又并不总是春风拂柳，秋冬霜雪营造的萧条之感，让昔日的台阁楼宇都给人以荒凉之感。其实这荒凉不仅仅是外在的，更是孤苦的方维仪内心的感触。

"人世何不齐，天命何不常。孤身当自慰，且免摧肝肠。"正如孟子所言"疾痛惨怛，未尝不呼天也"，遭遇人生种种不幸，不由得让人感慨天命无常。作为一个在书香门第、衣食无忧的环境中长大的女孩子，幼年时怎么能预料到之后的人生如此坎坷，如此感伤？

但方维仪不愧是读书明理的女子，尽管孤寂，但"孤身当自慰"，她仍然不断安慰，更是不断勉励着自己，不要沉湎于肝肠寸断的痛苦之中，而要振作起来，乐观面对生活。

"鹡鸰栖一枝，故巢安可忘。"最后的结尾以不能忘记故地、故巢自勉，其中时代的变迁，内心的持守，隐约可见。

能够支持方维仪坚持守寡、乐观生活的缘由，除却诗书在精神上的慰藉、除却在娘家能与姊妹共处，享受一点亲情的温暖之外，还与后来晚明的著名文士方以智有关。

方维仪是方以智的姑姑，而方以智兄妹也逢幼年丧母，方维仪视侄儿侄女如己出。除却生活上的照料，在学业上方维仪更是严加管教，可以说方以智日后的成就与方维仪的心血浇灌密不可分。正如《桐城方氏诗辑》中的评价："（方维仪）教其侄以智，俨如人师。"而方以智也对姑母颇为感激"智十二丧母，为姑所托。《礼记》、《离骚》，皆姑授也。"后来方以智在给方维仪的《清芬阁集》题跋时候更加赞叹道："嗟夫！女子能著书若吾姑母者，岂非大丈夫哉！"就方维仪的文史修养水平而言，绝非虚誉。

回看整首诗，颇具魏晋五古的骨鲠之气。虽有无限伤怀郁结于内，但又有一种坚韧之美孕于其中。

朱中楣（明）／《丑奴儿·雨余》

田田荷芰含疏雨，荡漾珠圆。荡漾珠圆。绿柳枝头晚噪蝉。

琴清香淡浑无暑，好似秋天。好似秋天。欲操阳关第几弦。

朱中楣，字懿则，一字远山，明宗室之女，一生患难频仍、升沉不定。与李清照一样，少女时，朱中楣过得无忧无虑，词作中不乏伤春悲秋之情，后嫁得一个如意郎君，生活幸福美满。不过丈夫离世，朱中楣也过起了国破家亡的悲苦生活。不过与李清照不同的是，朱中楣的词作视野开阔，并不局促于闺阁一隅，吟咏相思，流连风月，也无孤寂落寞的抑郁之作。她既有国破家亡的黍离之思，如《满庭芳》，又有借古人杯酒浇胸中块垒的《行香子》。

相比于明清时期的其他女子，朱中楣身世怀抱不俗，她的远见及胸襟，使得她的词中绝少旖旎绮丽之气。不仅如此，她的词以清新散朗为主。她没有贺双卿的孤苦和凄凉；她也没有吴藻的离经叛道，她有的是高贵和典雅，她的词有一种清疏旷放的林下风致。

如朱中楣的诗歌《谷雨前一日小室闲吟》："小苑焚香逗绿纱，摊书随意注南华。春衫未翦寒仍怯，午梦初回日又斜。湖外祇堪眠弱柳，雨前谁复饷新茶。中怀脉脉闲无那，看取游丝缀落花。"

又如《满路花·寒食》："雷轰雨若倾，电画天疑破。苔皴翻绣甲、沉江锁。疾风至矣，寒食今朝果。笑子推坚卧。性拗冰霜，扑不灭无明呵。古今高士，与世咸相左。汨罗堪配祀、迁水火。酴烟竞酪，也著应时过。吹主难铸错。且醉春光，濯缨漱石飪我。"

在这首《丑奴儿·雨余》中，"雨余"二字点名了雨水将尽未尽时的清新和舒朗，一雨洗去纤尘，留下的是秋后的荷叶和蝉噪。"田田荷芰含疏雨"一句中，"田田"二字出自《江南》一文的"采莲何田田"。这二字写出了连绵不绝的荷叶，闭上眼睛不仅朱中楣，连我们仿佛都看到了田田荷叶的翠绿。这两个字不仅从形状上写出了雨后荷花的样子，并且用叠字来形容，读来柔软甜美，仿佛江南女子在这田田荷叶中轻吟出来。如果没有雨，或许荷叶终究是荷叶，只是高洁的代表，但是"田田荷芰含疏雨，荡漾珠圆。荡漾珠圆"，雨过荷花池，总是想到"接天莲叶无穷碧，映日荷花别样红"。连用两个"荡漾珠圆"，传神地写出了雨余下，雨水仍旧打在荷叶上，不断荡漾。"荡漾"二字用拟人手法，写出了疏雨的俏皮和活泼。丈夫去世后，朱中楣在国破家亡之下，心平静、意平淡，词也写得开阔和壮大。这几句词不仅在写景状物方面形象生动，而且也写出了朱中楣的细腻和舒朗。"绿柳枝头晚噪蝉"，一个"晚噪"写出了夏日将尽，禅噪渐弱的景况。"绿"字，颜色青翠，正对朱中楣的清、彻，上阕写得青翠、疏淡。

下阕"琴清香淡浑无暑"一句，正对了陈寅恪先生所说的中国诗、画是有时、有地的，从这句词中，似乎炎炎夏日，朱中楣独对一池荷花和绿柳，在蝉噪之中抚琴弹词。一个"清"字，有清冷、清空之意。姜夔等人的词一直以"清"为特征，朱中楣似乎大有这种风采，着一"清"字，读来觉得在这夏日之中多了一些清凉。烈烈酷暑，本是极为烦热，"雨余"二字表明一场大雨刚过，这只能暂时消去酷暑之气，但朱中楣却说"浑无暑"。"浑无暑"是全无一点暑气之意，这似乎不合情理。想来，雨过后虽然清减了暑气，但终究还是暑气之日，这恰恰写出了国破家亡后的朱中楣即便气度高远，也终难消去心中郁结。"好似秋天。好似秋天"，读来想到辛弃疾的"少年不识愁滋味，爱上层楼。爱上层楼，为赋新词强说愁。而今识尽愁滋味，欲说还休。欲说还休，却道天凉好个秋。"用此典故，朱中楣虽给我们画出一幅清新的雨后荷花图，不过陈寅恪先生提出"诗史互证"、"文史互证"，"用典"有用"古典"和"今典"之分，"古典"、"今典"相结合，正是借古人之口抒我之胸意。朱中楣后南归偕隐，每日过着宁静的生活，她可以醉心于山林、悠然适情于山山水水。我们都知道"秋风秋雨秋煞人"，一场雨后，最终却让朱中楣有一种好似秋天的感觉，且连着两句"好似秋天"，塑造出了一篇清冷冷的意境，而她置身其中，却全无一字的伤秋之词。"欲操阳光第几弦"一出，朱中楣又自空灵之思回到现实。朱中楣在最后一句说"阳关第几弦"。"阳关"本是地名，不过此处既然有琴，应是《阳关三叠》，归隐后，朱中楣生活平淡，却弹奏"劝君更尽一杯酒，西出阳关无故人"。她不乏才华，可是却失神于雨后荷花的律动，如果说朱中楣比李清照幸运，则是她可以退隐。

此词写得清丽无碍，意境也风致翩然。不过身为女子的朱中楣，不乏女子个性心理的敏感及情感的脆弱缠绵，故在描绘恬淡无为的画面中还是不乏淡淡清思、清旷，既是一种意境也是一种心境，一代奇女子朱中楣在这田田荷叶中，林下风致荡漾雨余之中。

陈圆圆 （明）／《转应曲·送人南还》

堤柳，堤柳，不系东行马首，空余千缕。秋霜凝泪，思君断肠。断肠！断肠！又听催归声唤。

三百年前，有一个极负盛名的女人，诗史吴梅村曾为她写过《圆圆曲》，历史上也曾为吴三桂侍妾，她是陈圆圆。

陈圆圆生于货郎之家，少女时便艳惊乡里。因家贫父母将其寄养于经商的姨夫家中。时逢江南年谷不登，重利轻义的姨夫，将陈圆圆卖给苏州梨园。陈圆圆初登歌台，扮演《西厢记》中的红娘，人丽如花，似云出岫。莺声呖呖，六马仰秣，使台下看客凝神屏气，入迷着魔。冰雪聪明的她，会得一手好词，一首《转应曲》便见其词之功力，遂以色艺双绝，名动江左。

提起这位明清之际秦淮河佳丽中的翘楚，世人尽知吴三桂，至于曾经发生在陈圆圆与冒辟疆之间的一段恋情，世人知之者寥寥。近代学者孟心史先生说：“圆圆之于戚畹（田畹），于吴藩（吴三桂）世无不知之。其于巢民（冒辟疆）一段香火情，世不复忆及。”

关于冒陈恋情，在当时一些文人的诗文中屡见不鲜，一时传为佳话。清代词坛巨擘陈维崧在《妇人集》中明讲“冒辟疆媵吴门名姬陈圆圆，订嫁娶之约。”而冒辟疆也在《影梅庵忆语》中曾说道：“妇人以资质为主，色次之，碌碌双鬟，难其选也。慧心纨质，淡秀天然，平生所见，则独有圆圆尔。"

冒陈恋情发生于公元 1641 年春，止于公元 1642 年春，时仅一年。大才子冒辟疆途经秦淮，对这位名满江南的绝丽佳人一见倾心，而就是这样的一见钟情，却成为了圆圆多舛一生的起点。两人原本相约一生相守，不离不弃，却因为冒父的离任调职而劳燕分飞。想必这时的离愁别绪应景地催生出了这首不同于其他一般的"闺词"。

公元 1641 年春，冒辟疆随母亲自家乡如皋出发去衡岳探望父亲。途经苏州半塘，他登岸小憩，友人介绍说："此中有陈姬某，擅梨园之胜，不可不见。"陈姬，即陈圆圆，当时芳名鹊噪，倾动秦淮、苏州。冒辟疆闻此声名，便与之一见。短暂的会晤，二人心田已深深种下了情种。别离时，冒辟疆"牵衣订再晤"，陈圆圆爽然应诺，约于翌日赴香雪海赏梅，或秋日同游虎嚼赏桂，似乎成竹在胸，情趣高雅，堪为辟疆同道。可惜，冒辟疆迫于省亲不能滞留只得依依惜别。

同年秋季，冒辟疆自衡岳省亲完毕侍奉母亲回乡途经西湖时，竟然得到陈圆圆被势家豪门掳去的噩耗，不禁"闻之惨然"。及至赶到苏州，才知被劫去的是"赝鼎"，而圆圆隐居他处安然无恙，不禁喜出望外，马上赶去与陈圆圆相见，此时他眼里的陈圆圆"如芳兰之在幽谷"，更具风韵，令人怜爱；而劫后的圆圆把冒辟疆的不期而至看成天降之幸，两人情愫愈浓。再访于同年秋季。《忆语》有一段曲折细腻的描叙：

圆圆主动热情相邀，"曩感子殷勤以遽不获订再晤。今几入虎口，得脱，重晤子真天幸也。我居甚僻，复长斋，茗碗炉香，留子倾倒于明月桂影之下且有所商。"

"越旦，则姬淡妆至（辟疆舟中），求谒吾母太恭人，见后乃坚订过其家。"

当晚，冒辟疆"乘月一往，相见。（园园）卒然曰：余此身脱樊笼，欲

184

择人事之，终身可托者，无出君右。适见太恭人，如覆春云，如饮甘露，真得所天。子毋辞。"一席话，情真意切，感人肺腑，以身相许，胆识过人。无奈当时冒辟疆的父亲身陷兵火之中，必须他立即前去寻求解脱。在爱与孝尖锐冲突之时，他只能谢绝圆圆美意，并恳切地表示"无徒误子"。然而，简单的四个字，正又是深深爱恋情绪的透露，更使圆圆仰慕、感激，爱心也更加坚定了。当恋情至此似是无望之际，挚情和悟性更使陈圆圆讲出了两全其美之策。《忆语》写道：（圆圆）"复婉转云，君倘不终弃，誓待君堂上画锦旋。"先解严亲之忧，后成二人之志，鱼与熊掌冒辟疆可以兼得了。于是他欣然允诺，真情毕露地说："若尔，当与子约。"《忆语》写尽别离之时二人深情缱绻之态。冒辟疆即席作八绝句以赠，中有"秋水波回春月姿，淡然远岫学双眉"，"淡云疏雨或堪描"，"本是莲花国里人，为怜并蒂谪风尘。长斋绣佛心如水，真色难空明镜身"等句，赞美其高雅素洁的品格，同情其受尽攀折苦的不幸遭遇，读来令人动容。而陈维崧所说的"订嫁娶之约"就是指的这次会晤结果。在封建礼教森严的时代，一位色艺双全的烟花女子与出身仕宦世家的名士相恋成功了。冒辟疆与陈圆圆用坦诚的心谱写了一曲真正的爱情的赞歌。

第二年（公元1642年）春天。当时冒辟疆正在毗陵（今江苏常州）得到父亲调离襄樊兵火险境的消息，高兴极了，一个冬天的艰难奔驰终于取得解脱严亲于危难之中的成功，但同时圆圆"残冬屡趣余，皆未及答"，冒辟疆很感内疚。于是立即赶赴苏州，以便将喜讯告诉陈圆圆并且践约。不料乐极生悲。据纽玉樵"觚賸"所载："三月，冒辟疆自毗陵至吴门，重访陈圆圆，而陈已为世家所得。"

冒陈相恋虽然短暂，但在历史上清晰地记载下来，成为千古绝唱。这是一种真正的爱情，具有极其深厚的思想基础。陈圆圆又能怎样，朝代更迭之际，社会动荡，为女儿身，能想到的只有更多的安全感，找寻一个能了解自己的人。而冒辟疆为江南才子，复社中坚，文章气节，倜傥风流映照一时。这位冒才子确实牵动了陈圆圆之流秦淮名姬的芳心。陈圆圆这一位技艺超群的绝代佳人，正处于强烈要求摆脱风尘樊篱桎梏和世家豪强侵凌，渴望自由和真正爱情之际，冒辟疆突然出现在她面前而且垂青于她，她不禁惊呼"真天幸也!"这实在是理所当然的。她坚信"终身可托者，无出君（冒辟疆）右"，是她冷眼选择的结果。就算短暂并留有遗憾与不舍，就算这份感情可遇而不可求。

短暂的相恋，不是浅尝辄止，亦不是烟花浮云。世间女子，但愿自己能拥有一份真挚的爱情，只愿生来不是被辜负。

柳如是（明）／《金明池·咏寒柳》

有怅寒潮，无情残照，正是萧萧南浦。更吹起，霜条孤影，还记得，
旧时飞絮。况晚来，烟浪斜阳，见行客，特地瘦腰如舞。总一种凄凉，十
分憔悴，尚有燕台佳句。

春日酿成秋日雨。念畴昔风流，暗伤如许。纵饶有，绕堤画舸，冷落
尽，水云犹故。忆从前，一点东风，几隔着重帘，眉儿愁苦。待约个梅
魂，黄昏月淡，与伊深怜低语。

明末清初，十里秦淮，美艳女子甚多。繁花烟景之中，令人回首之时，
总有一个女子令人无法忘怀，风骨赠峻，绝代芳华，她就是柳如是。

她出身于书香门第，却自小身世坎坷。幼年时，因家遭变故，被卖到了
江苏盛泽的归家院。当时的盛泽，因丝绸兴盛而闻名于世，商贾云集。而归
家院，是盛泽有名的风月场所，"绮疏曲栏，歌姬并集"，也是风流胜地。

收养柳如是的是归家院的掌门人徐佛。徐佛"能琴，工诗，善画兰"，也
自是一代美人。柳如是本就聪慧过人，在徐佛的熏陶下，更是诗词书画，无
不精通，可谓"绣纹学刺两鸳鸯，吹箫欲招双凤凰"。

十四岁那年，她被告老还乡的相国周道登挑去做婢女，后收为小妾，却
最终遭群妾忌恨陷害，几乎丢掉性命，后来被逐出周府，卖入娼家，沦入了

风尘飘荡的生涯。

身在浊世，知己难求。她改名为"影怜"，以"相府下堂妾"的身份高自标置，独张艳帜，自备画舫，浪迹吴越间。翰墨丹青，轻吟婉唱，柳如是的清尘脱俗之美，总是吸引着各方风流名士慕名而来。流落松江时，柳如是经常着儒服男装，与学士大夫纵谈时势、和诗唱歌。在晚香堂陈氏的七十五寿辰宴会中，柳如是遇上了陈子龙与宋征舆。

她的玲珑秀美、出众才艺，令宋征舆一见倾心。她自以为爱情无关世俗，无所畏惧，一心等着他明媒正娶。但他却因迫于家庭的压力，懦弱无常。随着松江知府下令清理流妓，那一天，她急着到他府中，找到这个男人，要他以"客人"的身份把自己留下。不想，男人却诺诺无语，退缩不前，嘴角挤出几个字："不如，我们先避避风头吧"。

那一刻，现实的锋芒劈碎了爱情的幻影。愤恨无用，心如死灰。她傲然举起武士刀，向那七弦琴狠狠砍去。随着铿然一声，琴弦根根断绝，她凄然转身，"你我情义，如此琴弦，恩断义绝。"

这一切发生，却一直有他在身边——陈子龙。生活不随人意，情路的伤痛，却有陈子龙一路伴她。

他，亦是才华横溢，一身傲气。初见他时，柳如是穿着一身蓝缎儒衫，青巾束发，一副书生打扮，清秀有余。柳如是喜欢穿男装，与各类文人墨客交往。与陈子龙写信时，也是以弟自称。陈子龙收信后，不明白她为何如此，没有回信。柳如是却也登门质问他，这是天下名士的风范吗？陈子龙心中怦然一动，这女子，自有她别致的一面。他们开始书信往来，关系也逐渐亲密起来。

有一天，他们二人乘船在湖中游玩。柳如是站在船舷边，迎风倚立，清雅明眸生辉，裙裾飘飘。这一幕，看呆了一旁的陈子龙，情不自禁地赞叹：

"太美了，你就是洛神！"她听到了，半开玩笑地说："你们男人总是对女人说三道四，品头论足，好像女人生下来就是供你们欣赏把玩的。今天我偏要对你们男人欣赏欣赏、评说评说不可。"她当即就写了一曲《男洛神赋》，将陈子龙比作了男洛神。"伊苍傐之莫记，惟隽朗之忽忘。惊淑美之轻堕，怅肃川之混茫。"华丽文辞之间，却掩不住柳如是对陈子龙的爱慕之心。陈子龙既惊讶又感动，并作了一首《采莲赋》为应答。

与陈子龙的一段情愫，就是在这样的往来应和中逐渐升温。陈子龙之后两次名落孙山，柳如是不离不弃，两人无所不谈，评品天下大事，切磋诗词艺文，惺惺惜惺惺。在松江外一座名叫南楼的小红楼里，陈子龙背着家里人与她厮守于此。两人情切意笃，乐于赋诗作对，互相唱和。尽管清茶淡饭，却也心生美满，其乐融融。

可惜美景不长，因为陈子龙早有家室。那一天，她正处楼台，专心画笔，精琢笔墨于一支清梅，一干人闹闹嚷嚷冲上楼来，却是陈子龙原配夫人张氏。他们极尽盛气指使、污言谩骂之后，留下了备受屈辱的柳如是。她如梦初醒，也许她永远无法堂堂正正地走入陈子龙的生活。这段缠绵悱恻的爱情，终不是她最后的归宿。她悲切而毅然地离去。

崇祯十三年，与陈子龙分别后五年。

那个秋日的黄昏，清冷的空气里，一抹残阳斜挂在西边，映着风中柔弱的垂柳，还有漫天凌乱飞舞的柳絮。这依水之畔，总是送别的地方。而今，只留下她柔弱的孤独的身影。

萧瑟寒风中，她回想起自己的身世，所历坎坷，却孑身一人，无人与诉，心中愁肠。也许，就如这柳絮，她无根无依，一生都在纷飞飘散。她想起了，那一年，她与他亲密无间无话不谈，那一年，他们花前月下煮酒吟诗高山流水。句句词声，犹在耳际。他们在松江名士诗酒集会，他们诗词唱和结为知音，那一段，是她度过的人生一段美好的时光。如今，纵使再拥有当年的画舫，她也依然，但一切都不复从前了。

她想起了《紫钗记》中的霍小玉，与她的恋人李益最终团圆时的"淡月梅花"。何时，她也能像他们如此，和他执手再诉衷肠呢。她追思着这份深情绮怨，依依难舍，以柳寄情，作一首《金明池·咏寒柳》。或许就如这风中垂柳，凄然柔弱，却不失刚韧。

无奈，彷徨，失去。她爱过，那些过往的眷恋时光。

但她依然还是一个，敢爱的女子。

吴文柔（清）／《谒金门·寄汉槎兄塞外》

情恻恻，谁道雁行南北？惨淡云迷关塞黑，那知春草色。细雨花飞绣陌，又是去年寒食。啼断子规无气力，欲归归未得。

宁古塔与有清一代文人结下了不解之缘，而其中文学造诣最高、名气最大的是吴兆骞。

而她，是吴兆骞的嫡亲妹妹。

他们出生在书香门第，哥哥与华亭彭师度、宜兴陈维崧共称为"江左三凤凰"，妹妹则少有诗名，是个才情不俗的女子。

兄妹二人同在历史上有诗名的例子并不少，苏东坡之于苏小妹，左思之于左芬，班固之于班昭，鲍照之于鲍令晖，莫不如此，其中最著名的苏小妹已经被后人证实为虚构人物。

顺治十四年，吴兆骞因为科考案无端受到牵连，被遭科举除名，同时被打四十大板，家产抄没，父母兄弟妻子则流徙宁古塔。

吴兆骞江南才子，名声大振，一朝被流放宁古塔，天下爱才之人无不为其叹息。宁古塔苦寒之地，吴兆骞就这样一步一个脚印地走过去，将自己的所有青春岁月，全部交给了那个荒无人烟的贬谪之所。

哥哥被贬，妹妹心中牵挂。几年后，吴兆骞的妻子葛采真与吴文柔从苏州来到关外，此时吴兆骞在宁古塔以教书为业，虽然辛苦，但生活毕竟安定下来，葛采真也就留下来陪伴自己的丈夫，而吴文柔则在看望哥哥后不久返回了苏州，否则不会有这首《谒金门·寄汉槎兄塞外》。

"情恻恻，谁遣雁行南北？"兄妹情深，是谁让我们分离两地，一个塞北，一个江南呢？用大雁来比喻分离的骨肉，字里行间有一种悲怆的情感。"惨淡云迷关塞黑，那知春草色。"这是吴文柔想象中的塞北，那里"惨淡云迷关塞黑"，一年到头都是冬天，江南的明媚景致，江南的烟波碧草，江南的蒙蒙细雨，都只能存在于想象之中，让人无限感慨叹息。"细雨花飞绣陌，又是去年寒食。"转眼又是一年了，江南已经到了"清明时节雨纷纷"的季节，可是远在塞北的哥哥，却迟迟不见归来。"啼断子规无气力，欲归归未得。"子规，即杜鹃鸟，相思之鸟，可是，任凭窗外的子规叫断了喉咙，哥哥还是不能归来，一句"欲归归未得'包含着失望、无奈，痛苦与思念。

吴文柔后来嫁给了杨焯为妻，著有《桐听词》，遗憾的是，她没有留下更多的作品，只有这一首饱含兄妹真情的《谒金门·寄汉槎兄塞外》，成为吴文柔的代表作。

而吴兆骞在宁古塔一待就是 23 年，倘若不是因为他的朋友顾贞观与纳兰性德相救，可能此生再也没有机会回到江南，与自己的妹妹相见了。

事情的经过是这样的：吴兆骞的好友顾贞观与他齐名，二人成为莫逆之交，吴兆骞被贬宁古塔后，顾贞观辞掉官职，来到当时的大学士明珠家当起了家庭教师，他的学生便是著名的清代词人纳兰性德。

纳兰性德虽出身名门，但个性谦虚，为人重情义，对自己的老师顾贞观极为尊重。顾贞观考虑到明珠在朝廷的地位，便希望通过他来营救自己的好朋友吴兆骞。然而，尽管纳兰性德有心帮助，无奈明珠阻拦，此事一直没有成功，顾贞观十分遗憾。

有一天，顾贞观将自己写给吴兆骞的两首词交给纳兰性德，希望用词中的深意打动纳兰性德。这两首词便是文学史上著名的两首《金缕曲》——

（寄吴汉槎宁古塔，以词代书。丙辰冬，寓京师千佛寺，冰雪中作。）

季子平安否？便归来，平生万事，哪堪回首？行路悠悠谁慰藉？母老家贫子幼。记不起，从前杯酒。魑魅搏人应见惯，总输他，覆雨翻云手！冰与雪，周旋久。

泪痕莫滴牛衣透，数天涯，依然骨肉，几家能够？比似红颜多命薄，更不如今还有。只绝塞，苦寒难受。廿载包胥承一诺，盼乌头、马角终相救。置此札，君怀袖。

我亦飘零久，十年来，深恩负尽，死生师友。宿昔齐名非忝窃，试看杜陵消瘦。曾不减，夜郎僝僽。薄命长辞知己别，问人生，到此凄凉否？千万恨，为君剖。

兄生辛未我丁丑，共些时，冰霜摧折，早衰蒲柳。词赋从今须少作，留取心魂相守。但愿得，河清人寿。归日急翻行戍稿，把空名料理传身后。言不尽，观顿首。

当纳兰性德读到"廿载包胥承一诺，盼乌头、马角终相救。置此札，君怀袖"、"兄生辛未我丁丑，共些时，冰霜摧折，早衰蒲柳"等诗句时，果然为诗中的深情所打动，并经过多方运作，于1681年将吴兆骞从宁古塔释放。

当时，吴兆骞已经51岁，宁古塔的哭喊岁月，早已将他少年时的豪情消磨得干干净净，他变成了一个小心翼翼、神情落寞之人，这让顾贞观十分失望，两人的关系再也不像从前那般亲密了。

吴兆骞死后，他的妹夫杨焯在他的墓志铭中写道："初，汉槎为人性简傲，不谐于俗，以故乡里嫉之者众；及漂流困厄于绝塞者垂二十余年，一旦受朋友脱骖之赠，头白还乡，其感恩流涕固无待言，而投身侧足之所，犹甚潦倒，不自修饰。君子于是叹其遇之穷，而亦痛其志之可悲也已。"可以说，杨焯的评价是中肯的，至于这篇墓志铭中是否有吴文柔的手笔，后人便不得而知了。

侯承恩（清）╱《梅花》

冷艳原无异，孤高自不同。罗浮明月夜，香彻梦魂中。

林下谁为伴，冰霜只自知。生成贞洁性，红紫不同时。

侯承恩也是身世堪怜的女子，是"宁为玉碎不为瓦全"的女子。

寻常的布衣女子，倘若所适非偶，往往也能委曲求全地将生活继续下去，等待儿女环绕膝下，那少女时代关于爱情的所有幻想，便消磨在日复一日的劳作中，她们没有时间，也没有心情去伤春悲秋，更没有那份勇气去追寻自由的爱情。

但是饱读诗书的女子，由于受到爱情的启发，对爱情的追求比一般女子要热烈得多。一旦所适非偶，她们便会用各种决绝的方式维护内心中的爱情。朱淑真是主动"休夫"，李清照更是在晚年与第二任丈夫张汝州离婚，并勇敢地揭发了对方的罪行。而侯承恩，她采取的方式是独居修真，从此与丈夫隔绝。

历史上对于侯承恩的记载实在是太少太少，她的爱情，她的婚姻，已经湮没在历史的尘埃里，无处可寻了，一句"所适非偶"，就囊括了她所有的爱情悲剧。

但我们依然可以通过她的诗词想象，这绝对是一个心高气傲的女子，容貌虽不出众，但才华却是有目共睹，她从小读着"窈窕淑女，君子好逑"长大，她熟谙《九歌》里湘君、湘夫人的罗曼史，她悲怜那些才华横溢的奇女子如虞姬、绿珠、江采萍、朱淑真等人的命运，更渴望能像李清照那样，遇上一个懂自己的人。

而且，这还是一个喜欢做梦的女子，她的梦中有眉目清扬的书生，有花前月下的柔情，她曾经在《记梦》一诗中这样写道："理罢丝桐月色莹，小窗无语黄昏静。银镫挑尽梦初成，飘然似入蓬莱境。苍松古柏若龙盘，瑶草琪花满三径。玉洞玲珑路渐深，青鸾白鹤声相应。娉婷仙子笑来迎，谓予到此游何胜。俄而引至玉楼中，笙歌齐奏方开饮。麟脯琼浆取次供，冰桃雪藕还贻赠。须臾筵散步层峦，举头四望如明镜。峰回路转近林泉，丹桂香清风露冷。尘寰回首隔千重，山水苍茫不可竟。方拟蹑云天上游，邻鸡喔喔旋惊醒。窗前月色尚微微，四壁寒光浸孤影。"

这个梦境恍若《红楼梦》中的太虚幻境，缥缈而不可捉摸，但依然可以看出侯承恩对美的渴望。

侯承恩应该是一个羞涩的女子，没有朱淑真那样的大胆，她甚至不敢在诗词中表达春情，她的诗歌以淡泊自处的生活为主，显得平淡，但这绝对不是一个心如止水的女子。

遗憾的是，侯承恩嫁的不是如意郎君，羞涩而卑微的她只能默默地接受了这段并不匹配的姻缘，最终，她悄然离去，独自幽居。

这首《梅花》便是侯承恩独居时的作品，可以说是侯承恩的写照。"冷艳原无异，孤高自不同。"她就是这样孤高如空谷梅花的女子，世间无人理解，她便将自己的美丽藏在山间，哪怕默默绽放给春花秋月，也不能将一生托付给无情无趣的匹夫。"罗浮明月夜，香彻梦魂中。"在这无人的明月之夜，她独自绽放着自己的幽香，不为悦己者容，只为知己者死。

下半阕，"林下谁为伴，冰霜只自知。"一句道出了独居生活的无限寂寞，但即便这样，她也不愿意委曲求全，她是真正的隐士，为了一颗孤傲的心。"生成贞洁性，红紫不同时"，便是她品性的全部写照。

侯承恩还有一首《漫兴》，应该是她独居生活的描写："立身重意气，黄金何须有。富贵非本愿，山林宿所耦。清肃峻门墙，箴规日谨守。闲或理琴书，健还操井臼。衣须裁称意，食惟期适口。栽菊取晚香，种松因耐久。煎茶委小婢，浇花必自手。乐在可忘忧，事简无取咎。翻覆任世情，是非休深究。"由此可见，此时的侯承恩不仅不觉得幽居生活的寂寞和孤苦，反而以此为乐，能够享受到无穷的乐趣了。这样的自甘寂寞，恐怕是唐代那些女道士们永远也无法做到的吧。

侯承恩留下的诗集有《松筠小草》、《盆山阁词钞》、《盆山诗》，如果有人愿意走近这个孤芳自赏的女子，一定会在她的诗集中发现，她曾经在幽居无人的时候绽放过自己无与伦比的美丽。

林以宁（清）／《钱塘观潮》

　　气以三秋肃，江因九折名。海门环凤阙，半曜拱神京。舟楫三都会，鱼盐百货盈。凉飙随舵发，新月傍船行。共指潮生候，争看雾气横。篙师屏息待，渔子放舟迎。海外千山合，江边万谷鸣。蜃楼惊变幻，鲛室忽晶莹。鱼沫翻珠佩，鲸涎喷水精。玉山高作垒，雪浪俨如城。似有冯夷鼓，长驱掉尾鲸。前茅从赤鲤，后队亦青旌。自可吞溟渤，何烦洗甲兵。蛟宫图广袤，蚁垤敢争衡。久欲寻天汉，频思访玉清。乘槎常不达，浮海竟无成。近睹三江险，方知六字平。奇观书短韵，尺幅海涛生。

　　如小说《红楼梦》所述，清代女子结社吟诗成为风尚。与历史上赫赫有名的"竹林七贤"并立的，是康熙年间的"蕉园七子"。其发起者之一，便是杭州的女诗人林以宁。

　　她是进士林纶之女，监察御史钱肇修的妻子。当时林以宁的姑姑顾玉蕊曾经集合杭州当地的能诗女子，组织蕉园诗社。林以宁出家后，又重新组建蕉园七子社。这七个女子擅长书画，闻名于西子湖畔。

　　因此，有人便猜测，她是《红楼梦》中林黛玉原型的由来。

　　之所以作此猜测，实在不是空穴来风，而是两人的身世和经历有着太多的相似之处：首先，她出身在一个穷书生的家庭，母亲早逝，父亲在女儿没有成年的时候又病死了，无父无母，寄人篱下，与林黛玉的处境完全相似。其次，她从小聪明伶俐，多才多艺，父亲将她视作掌上明珠，把她当成男孩一样地教养，这也与林黛玉的教育背景出奇地相似；第三，她擅长画墨竹，写一笔秀气的蝇头小楷，还出版过两本诗集——《凤潇楼集》和《墨庄诗抄》，此外，这个"才华馥比仙"的女子还创作过一部传奇《芙蓉侠》；第四，她创建了"蕉园诗社"，这与林黛玉重建桃花社的情景，何其相似；第五，她与表兄洪升有过一段凄婉的爱情，这分明就是宝黛之恋的前身。

林以宁是明末清初的女子，以遗民诗人自居，内心深处充满了"遗民"思想。她们为自己的诗社取名为"蕉园"，事实上就是这种遗民心态的体现。因为，所谓蕉园，指的是明末北京紫禁城太液池旁的一个宫殿名，这个宫殿毁于李自成之手，诗人钱谦益还写过一首著名的"蕉园"诗进行悼念，林以宁等人将诗社取名为"蕉园"，就是为了怀念明朝。

表兄洪升因演《长生殿》而遭罪后不久，林以宁与表兄的爱情也无疾而终，她很快出嫁，嫁给了监察御史钱肇修为妻。幸运的是，她所嫁之人是个文雅的书生，夫妻伉俪，很快便将年轻时与洪升的一段爱情阴影忘却了。

从这个角度上来说，林以宁既像林黛玉，又与林黛玉为爱而亡的经历不同。林黛玉毕竟是小说中的人物，而林以宁却是历史上实际存在的女子，她的人生虽然富有传奇性，但也照进了现实的光芒。

就这样，一个多才的女子以一种平和、美满的心态进入到婚姻生活中，她的诗歌内容也出现了转变，以闺情为主，如那首著名的《得夫子书》："经年别多思，得水才尺幅。为爱意缠绵，挑灯百回读。"

钱肇修四处为官，只剩下林以宁与婆婆居住在一起，闲暇之余，她怎能不思念自己的丈夫，这样的思念充满了她的诗文，于是便有了那首《独夜吟》："蕉心未展桐花老，春社才临燕声小。屋角阴云冻天色，雨脚斜侵砌草织。暮寒压梦梦不成，耳边哀角呜呜鸣。幽房鬼逼兰钉凝，床头玉盏敲红冰。斫桂烧云老不死，夜乌啼杀晓乌起。独茧抽丝结绣襦，侬心未卜郎心似。开帘蜡树烟依微，海燕宾鸿相背飞。孤吟起坐各无赖，昨夜邻家夫婿归。"

此外，林以宁还有一首《梦游桃花源》也很值得一读："理棹石濑口，洞壑极深窅。白日翳层壁，倏然露林杪。初行不见人，仄径碍飞鸟。忽逢林木尽，水竹四环绕。茅屋三两间，鸡声出林表。主人闻客来，揽衣起相劳。笋蕨为我设，粳粱供我饱。白鹤翔天风，游鱼戏清沼。宛若素所历，曷来胡不早。怅惘尘世事，朗彻惬怀抱。高丘谁沉沦，阿阁孰倾倒。魏晋不复知，以下更何道。叹息武陵人，悠悠竟终老。"

而这首《钱塘观潮》，则是林以宁少女时代的作品。身为杭州人，林以宁对钱塘江潮的变化非常熟悉，所以将"蜃楼惊变幻，鲛室忽晶莹。鱼沫翻珠佩，腥涎喷水精。玉山高作垒，雪浪俨如城。"写得极为生动，将读者带入到那种万马嘶鸣的境界。而"似有冯夷鼓，长驱掉尾鲸。前茅从赤鲤，后队亦青旌。自可吞溟渤，何烦洗甲兵。蛟宫图广袤，蚁垤敢争衡。"的句子，则将江潮后浪追前浪的景象描绘得栩栩如生。

林以宁的传奇作品《芙蓉侠》已经不再流传于世了，后人只知道其中的主人公是柳如是，之于其中究竟展现了怎样曲折的故事，后人不得而知，就好比她究竟怎样放弃与表兄洪升那段惊心动魄的恋情，心甘情愿地进入到另一段婚姻一样，已经成为了历史永远的谜团。

顾横波（清）／《咏醉杨妃菊》

一枝篱下晚含香，不肯随时作淡妆；
自是太真酣宴罢，半偏云髻学轻狂。
舞衣初著紫罗裳，别擅风流作艳妆；
长夜傲霜悬槛畔，恍疑沉醉倚三郎。

于秦淮八妓中，声名相对低调的当属顾横波了。而她的爱情婚姻却是当中最为圆满幸福的。横波，本名眉。自号"横波"，还因她那双似一汪秋水般的大眼睛了。

顾横波在当时的秦淮河畔也可谓是名噪一时。首先还是她那出众的相貌，余怀曾在《板桥杂记》中对她的外表进行过描述，所谓"庄妍靓雅，风度超群。鬓发如云，桃花满面；弓弯纤小，腰支轻亚"，方苞也在《石斋黄公逸事》记载道："顾氏，国色也，聪慧通书史，抚节安歌，见者莫不心醉。"而更出彩的还应在她的才略，作为秦淮河畔妓生营地的头牌，能说会道，巧善言辞自然不在话下，关键在于她还通晓文史，并善诗作画，能与当时爱附庸风雅的文人骚客闲赋诗词曲调、高谈阔论。这些便足矣，顾横波甚至还有着自己的私人场所即"眉楼"，她将眉楼修饬得极为奢靡时尚，高端大气，都能与隋炀帝的"迷楼"相媲美，专供一些文人墨客，官宦朝臣摆宴会客。传闻顾横波生性豪迈，有男儿之风，试想下，这么个外表纤弱秀美，内心却像男人一样的豪放的人儿，撂着裙摆，站在眉楼的正中央，端着酒杯，应和着来自四周文人名士的诗词歌赋，一并将那些官宦子弟的调笑声化于行云流水之间，这种不拘一格、大气又富才情的魅力不曾想都会迷倒一大批人。

想来著名文人余怀与方苞都曾不约而同地拜倒在顾横波的石榴裙下，这些个传闻都不是空穴来风啊。而顾横波真正的良人却出现在崇祯十五年。

那年春天，多情才子龚鼎孳从湖北赶赴京城任职，路经金陵休顿，无意间听友人提及顾横波的才学性情，好奇尝鲜之感顿生，便携友人一同前往眉楼一见真颜。没承想，两人就在那样的时间，那样的地点一见钟情了。龚鼎孳此后在《白门柳》中也有专门叙写这初见时的场景："晓窗染研注花名，淡扫胭脂玉案清。画黛练群都不屑，绣帘开处一书生。"在龚鼎孳休顿的这些时日里，几乎每天都出现在眉楼中，与顾横波喝酒饮茶，闲赋对诗，两人对彼此的了解也愈加深厚。情到浓处，二人有太多共同话语，以至于有重任在身的龚鼎孳恋恋不舍。奈何不了，龚鼎孳便邀顾横波一同赶往京城，而顾横波思虑再三，还是予以拒绝。毕竟出身风尘，见惯了这种情景，没有足够的安全感，靠突生出来的情感，就跟随远走，身为女子，疑虑太多。顾横波只能心如刀割般地送离了龚鼎孳。

龚鼎孳走了之后，顾横波只觉得心里空落落的，每天一睁眼就会回忆起与龚鼎孳相处的那段美好时光，每天一闭眼就会梦到龚鼎孳正微笑着张开双手向自己走来。一晃眼，中秋节便到了，望着天上那轮又圆又亮的月儿，听着众姐妹在自己身边赏花饮酒，嘤嘤笑得没点烦恼，心里甚是惆怅低落。月儿能寄托相思吗，那人还好吗？正在发怵的当口，就听到有人喊她作诗，说是做不出来得罚酒呢，顾横波哪儿还在意这些，寥寥一笑，低头看到栏杆下那开得正好的菊花，随口便赋诗一首，这便是她那惊艳四座的"咏醉杨妃菊"。回过神来才发觉随口吟出的诗，灵感尽来自于对龚鼎孳的牵挂。自分离后，哪天不是昏昏沉沉，如醉酒了般，没点气力劲儿。龚鼎孳却也并没有将她抛却在脑后，两人鱼雁传情时龚鼎孳在诗作中对自己所表现的出来的深情也不假。想到此，思念之情也愈深了。

终究是觉得不能再错过了，为了不辜负自己的心意，顾横波决定独自北上寻找龚鼎孳，而此时时局动荡，朝代面临着更迭，在与农民军、清军交锋的战场上，明军节节告败，一蹶不振。京城，早已不复当年。顾横波堪堪一介女流之辈，为了遵从自己的心意，为了能与朝思暮想之人相聚，不顾安危，在战火纷纭之中，颠沛辗转于北上的路途中，也没想过要放弃，于一年多之后，才得以与龚鼎孳重聚。龚鼎孳怎么也想不到这位在秦淮河畔养尊处优惯了的名媛，愿意为了自己，吃这么多苦，受这么多累。着实是感动了，立马帮顾横波脱了原籍，并以正妻的礼节对待她，这么的深情，他怎敢辜负！

两人好容易才聚到了一起，自是倍加珍惜，幸福地过着小日子。但好景也不长，在这个动荡的时局下，再美好的爱情都得面对现实。身为朝中官职要员的龚鼎孳，眼看着明王朝就要分崩离析了，心中颇为着急，也是当时的年轻气盛，也不怕得罪人，竟在一个月内上疏了十七次，弹劾权臣。他这种不顾个人安危的做法，想必也是得以顾横波"焚膏相助"的吧。

这一举动后果当然很严重，崇祯皇帝本是那种听不得别人讲他坏话的人，还是个初出茅庐的小官员，一而再地弹劾他的亲信重臣，一怒之下，便将龚鼎孳打入了大牢。而此刻，龚鼎孳与顾横波聚首还不过一月。

遭此重罪，情况也不容乐观，两人好日子都没过够，顾横波也因龚鼎孳的入狱而遭受牵连。顾横波却也坚守了下来，没有弃龚鼎孳于不顾，一直等到他出狱。这期间顾横波给予的支持，是处于狱中的龚鼎孳坚忍挺下来的最大动力，由他在狱中所作的大量诗词便可看出。这一次，经受了这么大的考验之后，二人感情也真真地进入了一个更深的阶段。

出狱不到一月，京城便易主了，闯王进京。还不到一月余，清军又入关，又一次改朝换代，龚鼎孳随后降了清朝，仅仅三个月，京城的年号便易了三次。

随着年号的变更，龚鼎孳的官职也随着变了，毕竟是年轻又多才，受到顺治的赏识，升任了吏部侍郎，相应的他的妻子也该受封为一品诰命夫人，而本该是其原妻童氏接封，他却以一纸书信"让顾太太可也"回绝了龚鼎孳，龚鼎孳也真的为顾横波请封了，如此，顾横波便挂上了这一品夫人的头衔。

顾横波始终都在扮演着成功男人背后的女人这一角色。降清后龚鼎孳仍在暗中帮助那些先朝遗民、志士，还多次在朝堂之上为汉人争权。对于此类，顾横波只是默默支持着，有的甚至亲力亲为。之后，龚鼎孳被贬外放散职，双双又回到了秦淮河畔。历经种种，顾横波都未曾离弃。恰如龚鼎孳的那句："料地老天荒，比翼难别。"

董小宛（清）／《绿窗偶成》

病眼看花愁思深，幽窗独坐抚瑶琴。

黄鹂亦似知人意，柳外时时弄好音。

中国古代的名妓里，最潇洒自如的首推李师师，活得最辛苦的莫过于董小宛。

历史上的李师师，虽然拥有宋徽宗的万千宠爱，可她从不期待进宫做娘娘，她在东京城的平康巷落里保持着她的自由与独立，挂牌营业，朝迎暮送。

在南宋人张端义的《贵耳集》中，李师师似乎更喜欢的是大词人周邦彦。当宋徽宗因为吃醋而将周邦彦逐出国都时，李师师一言不发，索性把当朝皇帝丢在家里坐冷板凳，自己则毫无顾忌地去与周邦彦饯别。最后还是宋徽宗妥协，免了周邦彦的罪，并将他召为"大晟乐正"，才博得了美人一笑。

李师师的生活中有爱情吗？我看未必。作为一个妓女，李师师或许从来就不相信爱情，她与周邦彦的交往，更多的源于一种艺术上的相知相识；她与宋徽宗之间则更不用说了，连宫里名正言顺的娘娘都知道君王的恩爱当不得真，何况李师师？如果让她放弃眼下的自由生活，跟随周邦彦浪迹江湖，我想李师师是无论如何也做不到的，她是那么潇洒自由的女子，怎堪忍受一点点的羁勒与束缚？

可是"秦淮八艳"里的董美人，则截然不同了。

董小宛的爱情，只是她一个人的独角戏。当她爱上江南才子冒辟疆的时候，她的情郎心里，念念不忘的是风流婉转的陈圆圆。"落花有意，流水无情"，为了爱情，董小宛历尽坎坷，义无反顾。

在追求冒辟疆的过程中，董小宛处处主动，冒辟疆却唯恐避之不及，一个女子如此低声下气地去追求自己的心爱之人，即便在晚明那个追求个性自由的时代，也是不为世俗所接受的。然而董小宛是意志坚定的女子，眼看着"秦淮八艳"里的姐妹纷纷找到自己的归宿，她毅然决定将自己的终生托付给这个从如皋前来的冒公子。

相思的日子里，董小宛写下了一首《绿窗偶成》："病眼看花愁思深，幽窗独坐抚瑶琴。黄鹂亦似知人意，柳外时时弄好音。"这点点滴滴的愁思，便是对情郎冒辟疆的一番思念之情，然而，善解人意的不是千思万想的那个人，却是床前的黄鹂，用婉转的歌喉唱出对闺中人的安慰。只是，这一番深情，冒辟疆能领会吗？

当董小宛最终跟随冒辟疆冒着江南隆冬的飞雪北上如皋之时，她或许来不及遥想等待自己的是怎样的命运，她甚至无心欣赏沿途美丽的冬景，她一心一意要做那个良家女子——对于普通女子来说寻常愿望，对于名满天下的董小宛来说却是此生最大的愿望。

幸运的是，冒家宽容地接纳了这个纤弱多病的女子。尽管如此，董小宛的从良，还是成为她心甘情愿的沉沦。在冒家，她日日过着"却管弦，洗铅华"，俯首低眉，亲操杵臼的日子，她的从良，是"步步留心，时时在意"的委曲求全，其中的辛苦与冷暖只有自己知道。

一场战乱打破了如皋冒家寻常的生活，随着清兵的南下，董小宛与冒辟疆陷入了四处流浪的日子，可是，这位从小养尊处优的贵公子如何经得起这种种磨难与奔波，很快，冒辟疆得了重病，身边只有董小宛衣不解带，日夜服侍，几次将冒辟疆从死神手中夺回来。她将一颗心扑在冒辟疆身上，却从未想过，有朝一日自己病入膏肓，冒辟疆会不会这样对待自己？

由于操劳过度，加上身体本来虚弱，董小宛最终垮了下来，她虚弱地躺在病榻上，泪眼透过朦胧的纱窗，看到了窗外早已凋零的春花。这时节，雨打梨花，比梨花更添娇弱的董小宛，又怎么禁得起一次又一次的风吹雨打呢？她已经连续二十多天喝不进一口水了，当初冒辟疆胃病下血，水米不进之时，是董小宛熬汤煎药，自创了各种养胃的美食，亲自照顾了六十多个日夜。如今躺在病榻上的却是自己，那个本应成为一辈子依靠的男人，除了流露出焦急的神色以及一遍又一遍地传唤名医，还能做些什么呢？

董小宛终于红颜薄命，冒辟疆痛哭一场后，写下了忏悔录式的《影梅庵忆语》："亡妾董氏，原名白，字小宛，复字青莲。籍秦淮，徙吴门，在风尘虽有艳名，非其本色。倾盖矢，从余入吾门，智慧才识，种种始露。凡九年，上下内外大小，无忤无间。其佐余著书肥遁，佐余妇精女红，亲操井臼。以及蒙难遘疾，莫不履险如夷，茹苦若饴，合为一人。今忽死，余不知姬死而余死也。但见余妇茕茕粥粥，视左右手罔措也。上下内外大小之人，咸悲酸痛楚，以为不可复得也。传其慧心隐行，闻者叹者，莫不谓文人义士，难与争俦也。余业为哀辞数千言哭之。格于声韵不尽悉，复约略纪其。每冥痛沉思姬之一生，与偕姬九年光景，一齐涌心塞眼。虽有吞鸟梦花之心手，莫能追述。区区泪笔，枯涩黯削，不能自传其爱，何有于饰。矧姬之事，余始终本末，不缘狎昵。余年已四十，须眉如戟。十五年前，眉公先生谓余：'视锦半臂碧纱笼'，一笑瞠若。岂至今复效轻薄子漫谱情艳，以欺地下？倪信余之深者，因余以知姬之果异，赐之鸿文丽藻。余得借手报姬。姬死无恨，余生无恨。"

在叙述完这些后，冒辟疆发出了这样的感叹："余一生清福，九年占尽，九年折尽矣"——他心心念念的，只有自己的"清福"，何曾想过，自己是否给过，这个一生心高气傲下却唯独对他低眉顺眼的女子一丝一毫的爱情？

我倒是很希望，董小宛就是后来人们误传的那个董鄂妃，虽然同样薄命，却真实地拥有过一个男人的爱情。

吴藻（清）／《金缕曲》

生木青莲界，自翻来几重愁案，替谁交代？愿掬银河三千丈，一洗女儿故态。收拾起断脂零黛，莫学兰台愁秋语，但大言打破乾坤隘；拔长剑，倚天外。人间不少莺花海，尽饶他旗亭画壁，双鬟低拜。酒散歌阑仍撒手，万事总归无奈！问昔日劫灰安在？识得天之真道理，使神仙也被虚空碍；尘世事，复何怪！

清代吴藻，字萍香，或许名字带萍的女子都具有高于常人的才情，吴藻也不例外。与明代叶小鸾相似，吴藻出身于富庶之家，幼而好学，长则精于词，又精绘事。但较之小鸾的未嫁先卒，吴藻的一生似乎更多一些落寞和凄凉。

出身于商贾之家的吴藻，家境富裕，父母怜爱，自小便有名师相授，加之天资聪颖，琴棋书画样样精通。但作为商人的父亲还是重利的，他这样满足吴藻的目的只是为了她将来可以有个好归宿，安稳一生。但出乎父母意料的是，自己的女儿太过聪明，她心比天高，渴望同其他文人才子一道，"举杯邀明月，对影成三人"，她不甘困于闺阁，希冀可以"少年侠气，交结五都雄"。吴藻与浙西词的大家厉鹗为邻，厉鹗的经历及孤峭的性格从某种程度上都影响了吴藻的文心，清冷孤傲、心比天高。可惜的是，深居闺阁，吴藻身边既没有精通文墨的女子，也没有可以陪她畅谈诗词的友人。她的哀愁和苦闷似乎在春去春来中更深，正是"曲栏干，深院宇，依旧春来，依旧春又去。一片残红无著处，绿遍天涯，绿遍天涯树"。

待字闺阁的吴藻终究是要嫁人的，才情深深、容貌清丽，却终是不甘心嫁与胸无点墨的纨绔子弟。敌不过岁月和父母的软磨硬泡，吴藻终于答应了丝绸商许家的求婚。比朱淑真要幸运，吴藻的丈夫许振清虽无文才却有文心，他钦佩吴藻的才情，对她十分宠爱。他特意为她布置整洁宽敞的书房，以供她读书自娱。但"共眠一舸听秋雨，小簟清秋各自寒"，许振清终是不懂得她的。"最无那，纵然着意怜卿，卿不解怜我，怎又书窗依依伴行坐？"道出了吴藻对丈夫的不满，写出了自己的孤独。不过许振清虽无赵明诚的才情，却很爱吴藻，他鼓励她交友以散心，同意她去参加一些文人的聚会。

在文人雅士间，填词唱和，吴藻过得快乐、充实，整个人也变得开朗。才情极高、饱读诗书，吴藻的作品备受当地文人的推崇，她也被称为"当朝柳永"。或许她十分欣赏柳永，像柳永一样，她也和书生们登酒楼，上画舫，曲水流觞，听山水之清音。不过，作为女子，这些并不见容于世俗。可喜的是，丈夫对此不以为意，他仍然以最大的自由和空间来博美人一笑。

丈夫的宠爱让玲珑剔透的吴藻更加活泼和自由，不过她还是感觉到女儿身的不便，没有了"恨无知音赏"的苦闷，她开始纠结于自己的性别，因此总有一些事情是女子所不能做的。

身为女儿身却不甘当时女子的命运，她的觉醒注定了她的苦闷和彷徨。这首词将她大胆的想法和无奈的痛快淋漓尽致地表达出来。"生木青莲界，自翻来几重愁案，替谁交代？"命运如此，谁来替代，似乎是搔首呼天欲问天，问天女儿之身可能换？这样惊世骇俗的想法，在那个时代独特且不被理解。聪明如她霸气而恣肆地写到"愿掬银河三千丈，一洗女儿故态"。从此收起胭脂水粉，不再伤春悲秋，像众多男儿一样，"拔长剑，倚天外"。做一个

"打破乾坤隘"的豪侠。吴藻是极其幸运的，但似乎总是不尽如人意，因此纵然丈夫宠爱、行动自由，终究差一层。人世间从来不少的是莺花海，旗亭画壁故事下的女子也不少，但是这并不是吴藻的追求，她不想做"低拜"的丫鬟，她更愿意体验王之涣的喜乐。此词上阕写得慷慨大气，读来似有晴雯撕扇的痛快。"酒散歌阑仍撒手，万事总归无奈！"苦闷发泄完，终归还是无奈，毕竟女儿身终是不能变，神仙广大还是解不得自己的苦闷，真的是"尘世事，复何怪！"激昂过后，终是复归于愁闷、抑郁。吴藻选用《金缕曲》一牌，金缕曲，又名"贺新郎"，是集激壮与凄郁为一体的词牌，这恰如其分地写出了她的任性和苦闷。

改不了性别，她却穿起了男儿装，俨然一个翩翩美少年，真不愧是"当朝柳永"，与柳永相似，她流连于莺海之中，寻欢作乐，并且与歌姬眉目传情，她暂时忘却了埋汰女儿身，与歌姬作乐，还作有《洞仙歌》以明心意。奇女子又何止于秦淮八艳，洗不去女儿身的吴藻，终在这"两性"之间聊以慰藉自己的梦想和无奈。正如陈文述评价吴藻"前生名士，今生美人"，以"前世"、"今生"时间的两端道出了吴藻心中无法化解的"双性"冲突。此词正是这"两性"冲突的直接体现。

吴藻（清）／《浣溪沙》

一卷离骚一卷经，十年心事十年灯，芭蕉叶上几秋声！欲哭不成还强笑，讳然无奈学忘情，误人枉自说聪明。

离经叛道，不守妇道的吴藻在清代红遍大江南北，一首《洞仙歌》，尽显其"偏我清狂，要消受玉人心许"的"变态"，"前世名士，今世美人"的吴藻写此词送与歌姬，并渴望"待买个红船，载卿同去。"身为女子却总是做着那个时代男子的事情，吴藻似乎具有"同性恋"的倾向。但此种惊世骇俗之举终究还是有了其终结的时候。三十岁之前，受丈夫许振清的溺爱，她可以随便踏足章台柳巷，过着红袖添香的文人生活，三十岁之后，丈夫离世，敌不过世俗的看法，她重又居于深深庭院之中。青灯照壁、冷雨敲窗，吴藻在这种安宁的寺院生活中，似乎终于归于平静。

"一卷离骚一卷经"，每日仍旧读经书，写诗词，这种深居简出似乎并不是那样难过，大有辛弃疾"富贵非吾愿，归与白鸥盟"的宁静和坦然。少女时的伤春悲秋，《金缕曲》中"愿掬银河三千丈，一洗女儿故态"似乎从未出现。她似乎开始就是归于平静、归于佛门的。"一"字有"全"之意，将每日、每天的生活表现出来，写出了现如今的形单影只。淡去了前面的集会唱和，每天读上一卷离骚一卷经在这里是那么的美好。现实安好，回忆便成了习惯。回忆此前十年的生活，则是"十年心事十年灯，芭蕉叶上几声秋！"，"灯"是佛祖座前六种贡品之一，它会照亮黑暗，去除愚昧和无知。失去的往往都是最好的，丈夫去世后，吴藻才忆起丈夫的好，不能再与其他文人一起登楼、流觞，面壁青灯的生活给了吴藻很大感触。她反思十年间的所作所为，十年往事如十年燃烧的灯，这些不灭的灯指引她归于安宁。皈依佛门后，时光荏苒，韶光易逝，芭蕉已红，"芭蕉叶上几声秋"，从形状上写出秋又到来；"几声"是量词，形象地写出秋雨打芭蕉的感觉，从听觉角度写出秋的声音，以物写秋，形象鲜明。古人有《秋声赋》，伤春悲秋似乎是文人的通病，作为才女的吴藻也未能免俗，"无事将心寄柳条，等闲书字满芭蕉"，"一点芭蕉一点愁"，"几声秋"中芭蕉再次成为吴藻书写哀愁的意象。于是她写下"欲哭不成还强笑，讳然无奈学忘情，误人枉自说聪明。"一个"强"字写出她的坚强也表明她的无奈。毕竟丈夫已逝，活着的是她。失去了为她遮挡流言的夫君，她再无与歌姬眉目传情的机会。前十年的放浪形骸，现如今的困锁深秋，她真的是欲哭已无泪，无奈还强笑。"已失去"的本质是不作就不会死，吴藻一心要嫁给一个才华满腹的才子却争不过命运，夫君是一位商人，敦厚地忙于生意，根本体会不到衣食无忧的吴藻在精神上的空虚，但他感觉到她的苦闷和不快乐，许振清鼓励吴藻出去会友，并包容她的不守妇道，他竭尽所能宠爱着自己的妻子，却换了来她"谁适为容"的绝情。她换男装，极尽欢乐于高台莺海处。再回首，除却对丈夫已逝的后悔，也不乏对世俗生活的留恋。吴藻仍旧是高傲和不甘被世俗压迫的，一个"强"字还道出她被迫放弃自己惊世骇俗的想法，只有"无奈学忘情"。"学"字摹写出吴藻无奈向世俗低头的感触。我本狂傲，奈何如斯，身为女子，她的觉醒是不适合那个时代的，与朱淑真不同，她并不在乎丈夫的宠爱，她追求的是灵魂的自由。她有思想，故不甘心像当时女子一样相夫教子，深居简出，"岁月静好"只是一个愿望，"无奈"恰如其分地状出吴藻的心境。所以她只能自我安慰"误人枉自说聪明"。着"枉"字来自嘲、自讽，似乎听到这位才女在轻叹"倘若我真的绝顶聪明，何至于此？我空有才华，却越不出世俗的藩篱，看不透生死荣盛的转换。"词的最后一句读来让人觉得落寞、清冷，芸芸众生参不透的世间悲苦和命运转换，但可以逆来顺受。清冷聪明、倔强的吴藻却选择在这浅吟低唱的词中传达自己的态度。聪明是累，"心较比干多一窍"的结果却看到了自己十年的悲哀。

　　明清时期，礼教的束缚极盛，生活于这个时代的吴藻，有了那十年的自由和快乐已是十分少见，这首《浣溪沙》写在《金缕曲·闷欲呼天说》之后，在感慨"英雄儿女原无别"之后，她终于"待把柔情轻放下，不唱柳遍风月"，公元 1837 年（道光十七年），吴藻皈依禅宗，在青灯古佛的生活中，宁静寂寞的她临窗听雨，滴滴打在芭蕉上，她写下《浣溪沙》，将一世欢乐哀愁诉于词，将最后的倔强流于词中。不对情、不对景、不对境的放肆生活，最终转换成了青灯照壁人初睡后的凄凉和自讽。

徐灿（清）／《永遇乐·舟中旧感》

无恙桃花，依然燕子，春景多别。前度刘郎，重来江令，往事何堪说？逝水残阳，龙归剑杳，多少英雄泪血？千古恨，河山如许，豪华一瞬抛撇。

白玉楼前，黄金台畔，夜夜只留明月。休笑垂杨，而今金尽，秋李还消歇。世事流云，人生飞絮，都付断猿悲咽。西山在，愁容惨淡，如共人凄切。

顺治二年（公元 1645 年），开春不久，为跟随丈夫出仕，徐灿相携一家儿女开始了北上的旅程，再一次故地重游，可谓思绪万千。

桃花依旧开得随心随意，燕子依旧飞入寻常百姓家，春天的模样却千差万别了。想来第一次北上，可不是正逢徐灿的丈夫高中了进士，为了进京赴职，刚新婚燕尔的两人未曾停歇，一路春意盎然，一路的春风得意。而今，同样是跟随丈夫的脚步，赴京相聚，但物是人非，往事已不堪回首。先朝已殁，随东逝的流水，了无痕，剩一抹残阳，战场的厮杀吼叫也已停歇了好久，被丢弃的剑戟已被埋藏在黄沙之下，江山还在，只是易主罢了。

一路向西，山色重叠掩映，跟随着徐灿内心情感的变化，连带山色都变得愁云惨淡起来。如今的天下，世事如流云纷纭变幻，人才就像漫天飞絮，飘来飘去，所谓的招贤纳士，只空留作笑谈。

这一次来京，徐灿是很抵触的，因为现在的京城已改国号为清。于路途中所作的这首《永遇乐·舟中旧感》，一个"旧"字就将徐灿心中那种因新旧朝代的更迭所引起的纠结不适之感递呈出来。词中所表现出来的爱国情怀，对清王朝的抵触抗拒情绪以及对丈夫新任之职的不满是显而易见的。

很难想象一介弱女子对新进的清朝有着如此强烈的怨愤之情，且徐灿的词中也带着浓重的苍凉的兴亡之感。这些情怀的产生必定是与之生活环境、自身性情、观念、信仰相关。

徐灿本就出身于书香门第，身为明朝光禄丞徐子懋的女儿，从小必定受到良好的家庭教育，长大后又嫁作明末清初的知名诗人陈之遴为继室，是明末清初词坛上的才女，为当时"蕉园五子"之一。

从明朝的摇摇欲坠，至清军的铁蹄踏破山阙，改朝换代，时代的脚步阻止不了，身处明清交替之际的徐灿，亲历了这一切。作为一位极富才情的女性，加上自身特有的洞悉周围变化的敏感，徐灿感受到了这个新朝代所带来的寒意。清军入城，为排除异己，屠城三次，老幼妇孺一人不留，没有人道，光想想那血流成河的样子、撕心裂肺的哭喊，便觉寒意上了心头。这是对清朝的第一印象，留下了阴影，本为侵占自己家园，让自己和丈夫成为到处逃逸的难民的清军憎恨不已的徐灿，一想到此，心中的怨愤就多增了一分。

而于明朝时期一直不得志的丈夫陈之遴后来归降于清，并别家出仕于新朝，深受儒家思想传统道德观影响的徐灿更是无从接受了。明朝时期，她是很赞成丈夫积极出仕的，儒家授道推崇人们积极出仕，在上述这首词中就有谈及前度上京是春风得意的，而明亡后，对于丈夫的这类做法，实有违背儒家道德中的忠君思想，所谓的名族气节也荡然无存，在徐灿看来，清朝根本就不懂得什么忠恕之道，从其屠城的做法便看出，清朝必定不会施行仁政，对于清朝，徐灿一开始就已失望。所以徐灿压根也不愿与陈之遴共赴京城。

时代的局限，思想的局限，徐灿在观念上与丈夫发生了分歧，但深受儒家道德传统思想影响的徐灿不能向她的丈夫提出过分的要求，要遵守妇道，不能执拗地去转变丈夫的出仕观。看着丈夫陈之遴也并未因自己降了清朝而感到羞愧的徐灿心里很是矛盾，但又不能说出口，无奈无从说起，便常常将此寄兴于诗词中，使得她的词不像一般女子的闺怨，而是以抒发心中苦闷，寄托兴亡之感为主，在《满江红·有感》、《满江红·将至京寄素庵》等词作中就充分表达了这种欲语还休，幽咽难言之感。

不过，徐灿与丈夫虽在政治观点上有冲突，但二人的婚姻生活还是很美满和谐的。二人都是文学之大家，在文学创作中的见解必定相投。且二人一同送走了一个朝代，一同迎接了一个新的朝代，一同感受了颠沛流离的逃亡生活，经历了苦难，感同身受，为二人的感情打下坚实的基础，徐灿原作《风流子》中上片回忆，"记合欢树底逡巡，曾折红丝围宝髻，携娇女，坐斜曛"而陈之遴相应附和了一首《风流子》下篇"当年为欢处，有多少、瑶华玉蕊迎眸。日夕题云咏雪，不信人愁。正密种海棠，偏教满砌，疏栽杨柳，略许遮楼。只道多情明月，长照芳洲"，也是回忆那时的美好岁月。

不得不提的是徐灿的诗词，因降清后陈之遴所任职的地方，便是拙政园。徐灿将其诗词均以"拙政园"命名，其诗集收录的数量虽多，但其词集即诗馀是成就最高的。所以，在文学史上，徐灿是以词人著称的。徐灿又被誉为是南宋以来唯一一个能与李清照一决高低的女词人，随着清初妇女文学的发展，她以其自身丰厚的文化内涵，加之独有的心灵感受，身世经历的润色以及她诗风中连男性词人都未能企及的深沉悲怆的特色，使她在她所身处的这个特殊的文化氛围中突围成功，推动了清初妇女文学的发展。

贺双卿（清） ／《凤凰台上忆吹箫·残灯》

已暗忘吹，欲明谁剔？向侬无焰如萤。听土阶寒雨，滴破三更。独自恹恹耿耿，难断处、也忒多情。香膏尽，芳心未冷，且伴双卿。

星星。渐微不动，还望你淹煎，有个花生！胜野塘风乱，摇曳渔灯。辛苦秋蛾散后，人已病、病减何曾？相看久，朦胧成睡，睡去还惊。

"孤影自怜秋水照，卿须怜我我怜卿"，刘小青尚有秋水可怜，贺双卿虽有"双卿"却无关爱之人，一世凄苦悲凉，纵有才华，到底是天妒红颜。

凤凰台上忆吹箫，词牌名，源自萧史和弄玉的爱情佳话，不过萧史和弄玉最后双双成仙，做了一对快乐幸福的神仙眷侣。相比之下，贺双卿的《凤凰台上忆吹箫·残灯》则将贺双卿一个人的孤寂、凄凉写得感人至深。两首词在词牌上一样，在内容上则相反，在强烈的对比中，贺双卿的可怜、孤独更触动人心。

贺双卿，表字秋碧，出身农家，家境虽谈不上富庶却也衣食无忧。自小聪慧绝顶，在私塾外听了三年课，自此通诗书，擅诗词。虽才貌双绝，但是天意弄人，她所托非人，最后嫁给了一个大自己十多岁的农夫周大旺。丈夫粗暴冷淡、婆婆凶狠残酷，这位聪明善良的女子悲惨的一生便永无回旋之地。

"已暗忘吹，欲明谁剔?"不知不觉间灯已经暗淡，贺双卿似乎在似睡似醒间感受到了残灯，其实暗了的又何止"灯"，贺双卿的性命也早已如残灯，微弱飘忽。"残灯"二字不仅写出当时的孤冷凄凉，更写出了贺双卿内心的苦楚。贺双卿寓悲凉之情于残灯之景中，情景交融。

贺双卿嫁入金坛周家，丈夫略识字，新婚之时对贺双卿十分怜爱。自古婆婆和儿媳的关系就难圆满，贺双卿得到了丈夫的怜爱却招来婆婆的厌恶。许振清对吴藻是真的疼爱，周大旺却是个残暴的莽夫。一次，在不明原因的情况下，贺双卿被丈夫锁进房中，只有摇摇欲坠的残灯相伴。"欲明谁剔"，灯太昏暗了，娇弱女子贺双卿本就胆小，她害怕从此独对黑暗。但灯花开得又太旺盛，双卿希望剪去灯花以照亮自己黑暗的世界，但终是无力。贺双卿在周家做着繁重的家务，却仍旧得不到婆婆的欢心，正如她在《浣溪沙》中所述"暖雨无晴漏几丝，牧童斜插嫩花枝。小田新麦上场时。汲水种瓜偏怒早，忍烟炊黍又嗔迟。日常酸透软腰肢。"美丽的风光，恬淡的生活，但是对于贺双卿而言，无论她怎么做她都得不到丈夫和婆婆的宽容。一个"谁"字状出贺双卿渴盼有人帮助，直接告诉我们她的婆家是多么冷酷无情，此句话"无声胜有声"。"听土阶寒雨，滴破三更"，着一"听"字，写出暗暗黑夜中，淅淅沥沥的寒雨打在屋檐，也打在贺双卿心中。此句以动写静，可谓"寂处有声"，浓烈地渲染了寂静的气氛，更加突出贺双卿的孤苦寂寞，感人至深。"独自恹恹耿耿，难断处、也忒多情"这句话写出了残灯独自挣扎，作者移情于灯，仿佛灯是有情的，即使就要燃尽，还惦念着卧病中的双卿，依依不舍离去，挣扎着陪伴在这个孤苦的女子身边，为她驱赶寂寞清冷的漫漫寒夜。以灯之有情反衬婆家之冷酷，表达了贺双卿对自己不幸生活的控诉。同时贺双卿将自己的感情全部通过残灯展现，残灯似乎就是她自己，在这暗无天日的生活中挣扎不息，追求着自己热爱的生活。贺双卿生得美丽动人，令人"惊为神女"。嫁人后"镜里相看自惊，瘦亭亭。春容不是，秋容不是，可是双卿"，贺双卿即便是被折磨得疾病缠身，最后只好将这满生悲苦诉诸诗词，似乎只有诗词能暂时将她的愁苦治愈。她以田妇之身用田家之语，传人所共有之情。说残灯"难断处，也忒多情"，灯油将尽，残灯将熄，但是残灯有情，希望竭尽全力去安慰和温暖这位可怜可悲的女子。正是"香膏尽，芳心未冷，且伴双卿。"

词的下半阕"星星。渐微不动"，那将尽的灯芯还发着最后一丝光，残灯终于将灭，贺双卿的世界终会彻底黑暗，心如死灰后的贺双卿又希冀着"还望你淹煎，有个花生"，既然无法相伴，残灯愿你能结个灯花，给我报一个吉祥的喜讯。贺双卿是善良和执着的，她借灯尽结花生，来求一个美好的未来。贺双卿心思温柔细腻，一点残灯在她昏暗的生活中都是那么美好和动人。那最后的一点微弱之光，在贺双卿眼中也是"胜野塘风乱，摇曳渔灯"，终于要彻底进去了黑暗。当此之时，一介弱女子贺双卿终于卸下坚强，想到了自己的悲苦和病痛。写出"辛苦秋蛾散后，人已病、病减何曾？相看久，朦胧成睡，睡去还惊。"我早已生病，病入膏肓，疾病缠身的自己似乎终究也会如这残灯一样，到了命运的尽头。这种悲观的念头一旦出现，便怔怔"相看久"。生病之人，朦朦胧胧终于入睡，带病之身，却入梦都是惊。贺双卿似乎坠入无限深渊，出不来，进不去，就这样在痛苦无奈中如残灯慢慢熄灭。

贺双卿有"清代李清照"之称，只是她没有李清照的幸运，在她的诗中没有贵妇人的多愁善感，但她又是一个困于封建礼教的女子，她放弃了走出困苦生活的机会，史震林爱慕贺双卿却最终空有"人面不知何处去，桃花依旧笑春风"的遗憾，贺双卿一生悲苦，这首词正是她对自己悲苦命运无声的控诉，读来让人悲楚。此词宛转曲达，移情于物，化虚为实，渲染出了一种悲凉、凄苦、寂寞的气氛，不仅烘托了贺双卿的痛苦的心情，更含蓄成功地表达了词人的思想感情。

顾太清（清）／《喝火令》

已亥惊蛰后一日，雪中访云林，归途雪已深矣，遂题小词，书于灯下。

久别情已熟，交深语更繁。故人留我饮芳樽。已到雅栖时候，窗影渐黄昏。

拂面东风冷，漫天春雪翻。醉归不怕城门闭，一路琼瑶，一路没车痕，一路远山近树，妆点玉乾坤。

清代第一女词人，与纳兰容若齐名的顾太清本名"西林太清"，满洲镶蓝旗人西林觉罗氏，是名重一时的大学士鄂尔泰的同宗后裔。她的曾祖父与鄂尔泰为兄弟，祖父鄂昌曾任甘肃巡抚，鄂昌之子实峰娶香山富察氏女，得一子二女，太清即其长女。

太清早年历经艰辛，乾隆二十二年（公元 1757 年），鄂昌因牵连文字狱被赐自尽，家产籍没，家道一落千丈。太清出生时即已属"罪臣之后"，因此由祖母带至苏州抚养，同时，被迫改姓顾氏。这一成长的经历在太清词中多有披露，如《定风波·噩梦》中叹道："事事思量皆有因，半生尝尽苦酸辛。"《莺啼序·雨中送春》亦云"萍飘浪泊，难追欢事。"

命运的转折终于出现，在太清初长成之年，她与儿时已相识的奕绘在烟雨江南重逢，奕绘身世显赫，为清高宗乾隆的曾孙，《清史稿》载其"自号太素道人，又号幻园居士。嘉庆中袭爵贝勒，累官正白旗汉军都统，笃好风雅"。因两人年纪相当、才貌般配，可以说是天造地设的一对佳偶，太清很快就离开了苏州，成为已袭封爵位的奕绘贝勒的侧福晋。

婚后不久，奕绘所娶的正室妙华夫人去世，太清得专宠，夫妇两人皆雅好诗词书画，志趣相投，情深意笃。他们在永定河以西大房山以东的南谷筑别墅以唱游，其间有霏云馆、清风阁、红叶庵、大槐宫等依山势而建的园林架构。两人常相伴游憩于此，也会时常约请三五友人来此宴饮欢聚，在《子春集》里还能见到《夏至同夫子登天游阁诗》、《谷雨日同社诸友集天游阁看海棠》等为题所赋的七言绝句。

这一段岁月无疑是太清一生中最平静、美好、幸福的时光，从她的词中我们也可以读出其时她内心的愉悦，当然，词人的愉悦也并不局限于一己之情思。如《二月十日雨同夫子作》：

晓起开帘望，东南云势稠。霎时苏地脉，万点解民忧。雨洗花枝润，烟霏柳带柔。即看春意足，细麦秀皇州。

亲朋之间的交游也给她带来极大的快乐，如《往香山访家霞仙妹作》："春日欣人意，侵晨出郭门。东风吹宿麦，西岭上朝暾。刺眼看新柳，留心认新村，思君何谓远，里数不须论。"太清之妹，字霞仙，也长于作诗，曾著《延青阁诗草》。诗中一句"里数不须论"，把一掬真挚的情感捧到读者面前，让人感受到太清的利落与豪爽。又如《己丑岁暮雨后同霞仙七妹游万寿寺作》："春雨初晴后，郊原望远峰。山高犹见雪，风定不闻钟。竹里禅房静，门前溪水溶。同来大喜欢，日色满苍松。"颇有情景交融之美，也足可以见出太清洒落的性情之真。与此诗相近的还有《同云林、湘佩游尺五庄怀纫兰》：

"韦杜城南近水滨，花田菜圃净无尘。烟开夏木逢新雨，香满池莲忆故人。千里关心应念念，旧游回首记真真。碧筒且尽今朝醉，斜日鸣蝉送画轮。"诗中表达的对好友深情的追忆和怀念，读来令人动容而感佩。

　　然而，岁月的安宁与祥和很快就被打破。道光十七年（公元 1837 年），与太清两心相契、琴瑟和鸣的丈夫久病不治、撒手人寰，她的人生再次陷入大起大落的困境。更为难堪的是，一年之后，就在她已步入四十岁时，由于她娴雅的外表、耀眼的才情和对小人不假辞色的处世风格，京城和江南的无聊文人们开始给予她的孀居生活以丰富的想象，杭州某个曾与她略有嫌隙的"风流诗人"仅凭两首诗就捏造成贝勒爷的遗孀不守妇道、红杏出墙的"铁证"。

　　这就是清代有名的"丁香花公案"，"公案"的另一位主角、大名鼎鼎的一代文豪龚自珍不得不凄凄惶惶地离开京城，不过三年就郁郁而终。王府中妙华夫人的长子载钧恨她夺走了父亲对母亲的深爱，趁机将她和她的儿女赶出了家门，她无处可去，只能够租一间破屋，过着"亡肉含冤谁代雪，牵萝补屋自应该。""兀坐不堪思往事，九回肠断寸心哀。"的艰苦生活。

　　《喝火令》恰好写于己亥年（公元 1839 年），无疑是顾太清一生中最低落、悲伤的时候，丧夫的哀恸未已却又蒙受不白之冤，因此于春雪中访旧友，"久别情已熟，交深语更繁。"留饮芳樽，不觉间雪已深而天色已晚。女词人醉后归来，毫不惧怕城门关闭无法入城返家的危险，因为城里曾经那个幸福、温暖的家已不复存在。迎面吹来的东风冷峭，她连用了三个"一路"，将满地厚厚的落雪、车痕和远近的景致缀入词里，其中潇洒不羁却又尽显悲凉的心境和况味，自有后世的知音领略得见。

　　在太清的作品中，也记录了颇多时代大变局留下的痕迹，如《咸丰庚申重九有感》载 1860 年英法联军在北京的暴行，诗前小序写道："湘佩书来，借居避乱，数日未到。又传闻健锐营（按在北京香山）被夷匪烧毁，家霞仙不知下落，命人寻访，数日未得消息，是以廿八字记之。"抒发了诗人"欲插茱萸人不见，满城兵火过重阳"的悲伤和愤怒。因此，顾太清虽与纳兰容若并称，但她所创诗词的境界和格调似乎还要超迈纳兰之上。如齐燕铭先生所言："论有清一代词人，向以太清与纳兰并称，余尝以为容若词自秀雅，而太清之真淳本色，则非容若所及。"这是应当予以特别说明的。

沈善宝（清）／《满江红·渡扬子江》

滚滚银涛，写不尽、心头热血。问当年，金山战鼓，红颜勋业。肘后难悬苏季印，囊中剩有江淹笔。算古来、巾帼几英雄，愁难说。

望北固，秋烟碧；指浮玉，秋阳出。把蓬窗倚遍，唾壶敲缺。游子征衫搵泪雨，高堂短鬓飞霜雪。问苍苍、生我欲何为，生磨折。

西子湖畔，钱塘江边，自古便是钟灵毓秀之地。不仅才子辈出，风流不绝，更有才女雅韵，灿若明珠。到了清嘉庆年间，这里孕育出一位绝代的才女名媛——西湖散人沈善宝。

一个苍茫的秋日，扬子江上烟波浩渺，往来船只络绎不绝。一艘北上小船中，沈善宝当窗而坐。她看似一位娴雅的大家闺秀，眉宇间却有掩不住的英气勃发。身为钱塘人，自是看惯了水。然而身下这滚滚江水却不同于西子湖的空灵秀美，也不似钱塘潮起的怒若奔马。看着这淘尽英雄的江水，望着远处的北固山和金山（又名浮玉山），她的思绪也越飘越远。

这里曾是一个古战场。南宋时期，抗金名将韩世忠和夫人梁红玉曾在此连续击退金兵十几次进攻，使金人始终不得渡江。遥想当年，梁红玉不输须眉，冒着漫天箭雨，亲自擂鼓助攻。那激动人心的鼓点声，似乎至今仍能听到。然而建立这般功业的女子又能有几人呢？在世人看来，江山只能是男子的江山，像苏秦那样挂六国相印、纵横天下只能是女子的痴心妄想。闺阁女流纵有江淹之才，也不过是舞文弄墨，出几个女才子供人品头论足罢了。老天生我女儿身，竟是为了生生折磨我！想到这里，沈善宝不禁悲上心头。

她不甘作一个普通的女子，她有自己的抱负。然而命运对她太过残酷。在她十二岁时，父亲被人陷害，最终自杀而死于任上。几年后，好容易和母亲扶柩归家，却不料未几母亲身故，弟弟善熙、妹妹兰仙也相继夭亡。家人的离去带给她一次次沉重打击，生活的艰辛更使她倍感凄苦。她四处奔走，鬻诗卖画，以筹措安葬亲人的费用。安葬完父母弟妹，她又承担了没有子嗣的伯祖、庶伯祖母、庶祖母及叔叔的丧葬之资，孝心毅力，为世人称许。她曾如此描述这段艰辛的日子："镇日挥毫腕未停，新诗又向枕边成。吟眉瘦成吟腰减，不愧东阳旧有声。"（《舟中书画，刻无暇晷，宵又耽吟，深以自嘲》）

虽然生计艰难，但沈善宝始终心怀大志。十二岁虽遭家庭剧变，她却写下这样一首诗："庭前新竹笋，今尚短于兰。待到干霄日，人皆仰面看。"（《新笋》）小小女儿，竟有如此志向，不可不令人称奇。二十一岁时，又写下《渡黄河》："我欲乘槎游碧落，不愁无路问银潢。放开眼界山川小，付与文章笔墨狂。"可谓豪气干云，令男子汗颜。然而现实是残酷的，身为女子，在那个时代里，她不可能像男子那样去建功立业。这也是《满江红·渡扬子江》一词中流露出忧愁苦闷的原因。

其后，沈善宝曾重渡扬子江，并写下另一阕《满江红·又渡扬子江》：

扑面江风，卷不尽、怒涛如雪。凭眺处、琉璃万顷，水天一色。酾酒又添豪杰泪，燃犀漫照蛟龙窟。一星星、蟹屿与渔汀，凝寒碧。千载梦，风花灭。六代事，渔樵说。只江流长往，销磨今昔。锦缆牙樯空烂漫，暮蝉衰柳犹呜咽。叹儿家，几度学乘查，悲歌发。

这首词比前一首显得更加低沉、失落。往事已成空，多少英雄豪杰都泯灭在历史的长河中。她试图像男儿一样去拼搏，却始终摆脱不了闺阁的束缚。这于普通女子而言也许再正常不过，但对抱负远大的沈善宝来说，却是最残忍的打击与折磨。

沈善宝的生活并非总是颠沛流离。浙江盐大使、安徽庐江人陈克钰欣赏她的才华文章，特收为义女，并将她嫁与山西太原知府武凌云为继室。从道光十八年（公元 1838 年）成婚起，善宝开始了十七年寓居北京、较为安定的生活。然而期间却又遭受了幼女紫薇与次子友悖先后病逝的丧子之痛。

在北京的时候，沈善宝结交了许多书香门第、官宦人家的女眷。她常常与这些京师才媛在一起诗书唱和、出游散心，后来她曾离京南归，四处游历，和各地的才女名媛都有交往。她撰有《名媛诗话》，其中写道：

窃思闺秀之学，与文士不同；而闺秀之传，又较文士不易。盖文士自幼即肄习经史，旁及诗赋，有父兄教诲，师友讨论。闺秀则既无文士之师承，又不能专习诗文，故非聪慧绝伦者，万不能诗。生于名门巨族，遇父兄师友知诗者，传扬尚易；倘生于蓬荜，嫁于村俗，则湮没无闻者，不知凡几！

可以看出，沈善宝不满于闺中才女的湮没无闻，决心要使她们像男子一般留名后世。这种强烈的功名意识，贯穿了沈善宝的一生。从她身上，我们可以看到近代女性独立意识的觉醒。只可惜她为时代所限，无法实现自己的抱负，只能郁郁而终。

同治元年（公元 1862 年）六月，饱经人生苦难的才媛沈善宝于北京溘然长逝。同为才女的好友顾太清作诗哭之："谈心每恨隔重城，执手依依不愿行。一语竟成今日谶，与君世世为弟兄。"一身红妆，隔断了多少英雄意，缚住了多少豪杰心，徒留下她们的倩影，在芳香的笔墨中诉说着那个时代的苦痛与无奈。

陈端生（清）／《再生缘开篇》

闺帷无事小窗前，秋夜初寒转未眠。

灯影斜摇书案侧，雨声频滴曲栏边。

闲拈新思难成句，略捡微词可作篇。

今夜安闲权自适，聊将彩笔写良缘。

提起《再生缘》，可能很多人都不知道；但广为流传的越剧、淮剧和黄梅戏《孟丽君》，却令不少人印象深刻。《孟丽君》正是由清代弹词小说《再生缘》改编而成，《再生缘》的作者，便是绝代才女陈端生。

清乾隆三十三年（公元 1768 年）秋的一个雨夜，缠绵的雨丝如拨弦弄筝，声声入耳，直滴到人的心里去。微微初寒侵入绮窗，带着一丝潮湿的气息。室内，一名妙龄女子辗转反侧，忽地坐了起来，将昏暗的油灯挑亮。她望向窗外，知道这雨怕是要下一夜了。这样一个雨夜，本是最宜安睡，然而她却似有心事，端坐在书案前，展开素笺，轻蘸墨笔，陷入沉思中。

这是一个十七八岁的弱女子。她体态婀娜，眉目清秀，长长的睫毛映着灯光，使那双灵动的眼眸更加深邃。只见她时而沉思，时而微笑，时而蹙眉，时而轻叹。素手轻抬，一行行娟秀小楷从笔底流出，一段悲喜姻缘也就此开篇。

一部和《红楼梦》并称"南缘北梦"（郭沫若语）的《半生缘》，由这个平静闲适的秋雨之夜揭开了序幕。

陈端生生于一个书香世家。她的祖父陈兆仑是雍正进士，"桐城派"古文家方苞的入室子弟，曾任顺天府尹、太仆寺卿等，文才为时人推崇；父亲陈玉敦中过举人，曾任云南、山东等地地方官。母亲汪氏则是大名鼎鼎的进士汪上堉之女，是一位颇通诗书的大家闺秀。生于这样一个家庭，陈端生自然有着良好的文化修养。并且她的家庭十分开明，丝毫不认为女子无才便是德，反而鼓励女子"讽习篇章""多认典故"，"大启灵性"。可以说，这些都是陈端生之幸，但她能在短时间内创作出《再生缘》的前十六卷，则说明了她在文学上具有极高的天赋。

开始写作《再生缘》时，陈端生的祖父正在北京为官，全家人也同在北京。短短九个月，她已写了八卷，可谓下笔如神。乾隆三十四年（公元 1769年）八月，因父亲赴山东为官，端生也跟着来到山东登州。到第二年二月，她又完成了第九卷到第十六卷。仅仅用了一年多的时间，端生就完成了这部长达十六卷共计六十万字的伟大著作，真是令人啧啧称奇。

在那些文思泉涌的日子里，端生每日独坐案前，沉浸在自己构思的再世姻缘中。写完一段，她便开心地拿给卧病在床的母亲和同样多才的小妹看。这个清丽的少女面对母亲总是流露出孩子的天真。

"母亲，您快来看看这段我写得如何？好不好嘛？"

"好，好！我家云贞写得最好了。"汪氏宠爱地看着自己的女儿。病中的她无事可做，能欣赏到女儿的大作亦不失为一种快乐。

"姐姐，你写得这样好，如果刊行成书，肯定大受欢迎！"一旁的妹妹边看边夸，简直爱不释手。

"我才不要呢！那些个俗人，哪懂得我写《半生缘》的用意，他们不过是看个热闹罢了！有你和母亲看，我便能奋力写下去了！"端生娇嗔道。

屋里回荡着母女的笑声，其乐融融。然而端生心里却始终笼罩着一层阴霾，这快乐不知能持续多久？母亲的病逐日加重，她无力回天，只能以自己的笔，为母亲的病中时日添上一些乐趣。是啊，她必须奋力写，真不知道母亲能不能看到《再生缘》的完结……

汪氏终究没等到那一天。乾隆三十五年（公元 1770 年）七月，汪氏病故。丧母之痛使陈端生深受打击，母亲于她，更像是一位知音。知音没了，她的书又怎么写得下去呢？接下来的日子里，她只是对书稿做了一些润色、修改，并未继续写作。

二十三岁时，端生嫁与名家子弟范菼为妻。婚后夫妻琴瑟和鸣，使她重新感受到生活的快乐：

幸赖翁姑怜弱质，更忻夫婿是儒冠。
挑灯伴读茶汤废，刻烛催诗笑语联。
锦瑟喜同心好合，明珠蚤向掌中悬。

儿女的诞生更让端生体会到为人母的幸福，一切似乎都在好转。然而婚后第六年，厄运降临了。范菼受顺天乡试中科场舞弊案牵连，被发配新疆给边关守军为奴。这犹如一道晴天霹雳，将本该幸福的家庭击得粉碎。端生痛苦地写道：

一曲惊弦弦顿绝，半轮破镜镜难圆。
失群孤雁斜阳外，羁旅愁人绝塞边。
从此心伤魂杳渺，年来肠断意犹煎。
未酬夫子情难已，强扰双儿志自坚。
日坐愁城凝血泪，神飞万里阻风烟。

丈夫受难，家族蒙羞，她这个弱女子又能怎样呢？唯有强打精神，好好养育一对儿女长大成人。此时《再生缘》十六卷的手抄本已在社会上逐渐流传开来，受到极大好评，"惟是此书知者久，浙江一省遍相传"。陈端生的名气也越来越大，不少书迷甚至亲戚朋友都纷纷要求她续写下去。乾隆四十九年（公元 1784 年），她终于在搁笔十二载后重新动笔，完成了第十七卷。然而厄运仍旧没有放过她，父亲病逝，女儿夭折，在一个接一个的沉重打击下她再也撑不住了，缠绵于病榻之间，最终香消玉殒。

《再生缘》的主人公是元代才女孟丽君。她貌美才高，自幼许配给皇甫少华。但少华为刘家所害，不得已逃亡山中。刘家又欲强娶孟丽君，丽君抗旨拒婚，更换男装并改名郦君玉前去应试，状元及第后官至宰相。此时少华也改名应试中了武状元。丽君和父亲兄弟同朝为官，少华亦成为其门生，可谓巾帼压倒须眉。可惜后来身份逐渐暴露，险些因此丢了性命，最终不得不恢复女儿身，重回闺阁。孟丽君可谓一百年难遇的奇女子，从她身上，也能看出陈端生反抗封建礼制的叛逆精神。

《再生缘》最终未能完结，被后人称为"无尾的神龙"。其后虽由清代女诗人梁德绳续上三卷共计二十卷，并由女作家侯芝整理修改后加以刊行，但已失端生初心，自不足以相提并论。著名学者陈寅恪先生对《再生缘》十分推崇，认为它是"弹词中第一部书"，并深为陈端生的悲惨遭际惋惜，曾说："陈端生以绝代才华之女子，竟憔悴忧伤而死，身名淹没，百余年后，其实迹几不可考见。"又对她的反抗精神赞扬有加："端生此等自由及自尊即独立之思想，在当日及其后百余年间，俱足惊世骇俗，自为一般人所非议。"

伊人已逝，巨著犹存；千古流芳，知音不稀。想必这位绝代才女若地下有知，定会倍感欣慰。

秋瑾（清）／《满江红·京华小住》

小住京华，早又是中秋佳节。为篱下黄花开遍，秋容如拭。
四面歌残终破楚，八年风味徒思浙。苦将侬，强派作蛾眉，殊未屑！
身不得，男儿列；心却比，男儿烈！算平生肝胆，因人常热。
俗子胸襟谁识我？英雄末路当磨折。莽红尘，何处觅知音？青衫湿！

　　提起秋瑾，人们就会想到"鉴湖女侠"。这个祖籍浙江山阴（今绍兴）、生于福建闽县（今福州）的秀丽女子，偏偏生就一副男儿心肠。以自己的冲天豪情、满腔热血，投身于革命救亡事业，在那个风起云涌的时代留下了悲壮一笔。

　　这首词写于 1903 年。此时的中国经历甲午战争之败，签订了《马关条约》、《辛丑条约》等一系列丧权辱国的条约，沦为帝国主义列强任意瓜分的案上鱼肉。国家到了生死存亡的危急关头，秋瑾也面临着人生中的重要关口。

　　因丈夫王廷钧捐了一个户部的官职，秋瑾便也跟着来到了北京。一路上，她深感国家的残破、百姓的悲苦；到了北京，更见识到清政府的黑暗、洋人的横行。这一切都深深地刺激着秋瑾。她并不是一个身居幽闺、逆来顺受的柔弱女子，从小熟读诗书、骑马击剑使她有着万丈豪情和非同一般的见识，在北京接触到的进步书籍、结交到的同仁志士又让她感受到时代的新鲜气息和革命浪潮的冲击。然而她的丈夫王廷钧却是一个只知道吃喝玩乐的纨绔子弟，夫妻俩的分歧越来越大。

自从来到北京做官，王廷钧很快便沉迷于京城的花花世界。在他看来，既然撑门面的官职有了，剩下的便是尽情享受红尘之乐。他和一群臭味相投的狐朋狗友混在一起，吃喝之余，既嫖且赌，常常彻夜不归。面对平庸无能、恶习不断的丈夫，秋瑾内心十分痛苦。她不明白，为何男子可以事事自由，任意妄为，女子便只能独守空闺，任劳任怨地付出一生？这不公平！她也要像男子那样拥有选择自己人生的自由，甚至能保家卫国，建立起自己的功业。这一时期的秋瑾，渐渐开始模仿男子的穿着打扮。即使非议之声不绝于耳，她也毫不顾忌。

北京的秋天到了。盈阶枯叶，遍地黄花。澄澈的天空如蓝宝石般透明，映在那一汪汪秋水的纯净眼眸里，使大地显得分外空旷而多情。傍晚时分，一阵二胡的吱呀声传来，便有京剧的唱腔响起，袅袅娜娜飘向夜空。这是北京最好的季节，更何况还有合家团圆的中秋佳节，难怪人们都格外惬意。

中秋节的早上，王廷钧照例出了家门。不同的是他又回头嘱咐了秋瑾一句："今儿过节，晚上好好准备一些菜，我要招待几个朋友。"秋瑾懒懒地应着，看似漫不经心，却稍稍感到了一丝安慰。这个浪荡子，整日里在外寻欢作乐，今天竟知道回家。虽说是招待朋友，却也算夫妻团聚了。想到这里，她起身安排家人里外打扫，又亲自上街买了不少好肉好菜，特色小吃，将一切准备妥当，只等丈夫回来就炒菜上席。

夜幕降临，赏月观灯的人们欢声不绝，丝竹之声更是缠绵于耳。王廷钧仍旧没有回来，秋瑾不由得焦躁起来。他特意嘱咐过今晚要回来吃饭，此时未归，又是何故？是出了什么事？还是……秋瑾心中仿佛有了些预感。不知道第几次来到门口，她四处张望，只见到黑逡逡的树影。街上行人少了许多，应该是都回家团聚了吧。

远处走来几个歪歪扭扭的醉汉，嘴里还念念叨叨地说着什么。秋瑾皱着眉，转身要回屋，耳边却飘来几句醉话。

"今儿真高兴啊！痛快！痛快！"

"痛快什么呀！咱们喝得再高兴，还不得老老实实回家去？你要敢不回去，看嫂子……"

"是啊，你看人家户部那几个小子，喝了酒又去逛窑子，那才叫痛快呢！"

"逛窑子算什么？改天我请你们去！今儿不是过节嘛，家里还有人呢。哪天都行，今儿可不行……"

几个醉汉脚步踉跄地走远了，秋瑾的心却仿佛沉到了谷底。那个人终究是不可靠！说什么过节回来吃饭，一出去就被勾了魂！仅有的一丝失落化作满腔怒火，她气冲冲地回到里屋，打开一瓶酒便自斟自饮起来。

夜深了，王廷钧仍然没有回来。秋瑾知道他今晚不会回来了，这只是他无数个寻欢作乐的夜晚中的一个。然而秋瑾却不愿意就此睡去，将这个原本的团圆之夜化作那无数个独守孤灯的夜晚中的一个。她感到自己必须做点什么。想到这里，她立刻换上男装，叫来家人说："走，你们跟我去戏园看戏去！"

"少奶奶，现在可是深夜啊……"惊愕的家人话未说完，秋瑾便已经大踏步走了出去。

虽说是深夜，戏园却仍有不少观众。秋瑾一出现，便引起不少人注意。

"哟，你看，那是个女人还是个男人啊？"

"当然是个男人……哎，不对！那女人居然穿着男人的衣裳出来了！"

"那不是户部王廷钧的太太吗？这深更半夜的，她怎么穿成这样跑出来看戏了……"

"听说她叫秋瑾，是个才女！就是太不守妇道了！女子无才便是德，大半夜穿成这样子跑出来，成何体统！"

秋瑾旁若无人地坐在那里，自顾自地看戏。她知道人言可畏，但她要做自己的主人。至于别人说什么，随他们去吧！

第二天中午，王廷钧终于回来了。一进门，他便沉着脸，怒声质问秋瑾："你昨天干的好事！别以为我不知道，满大街都在说你！把我们王家的脸都丢尽了！"

秋瑾瞟了他一眼，压抑着心头的愤怒说："我干什么了？不就是看个戏吗？你能逛窑子，我还不能去听戏？"

"当然不能！你别忘了自己的身份！"

"身份？什么身份？别只许州官放火不许百姓点灯！你身为国家官员，居然沉迷妓院。我又没做什么见不得人的勾当，听听戏怎么了？"

"你，你……"王廷钧说不过秋瑾，举手便打。

秋瑾躲过丈夫的拳头，愤怒地喊道："你简直蛮不讲理！我真替你感到羞耻！"

她当即收拾东西离开了家，暂住在一家客栈，以表达自己的反抗。

后来，王廷钧自知理亏，让家人找到秋瑾好言相劝，终于将她劝回了家。然而没想到的是，回家后王廷钧竟不思悔过，经常对她冷嘲热讽。一个多月后，认清丈夫丑恶嘴脸的秋瑾再次离开了家，居住在好友吴芝瑛家中。经过吴芝瑛的介绍，秋瑾认识了日本的服部繁子夫人，并最终决定赴日留学。

从这首《满江红·京华小住》中，我们可以看到当时秋瑾内心的痛苦和不甘。王廷钧虽然是她的丈夫，却不是她的知音。国家正处于危急关头，她的才学都还未施展，汹涌的革命浪潮在呼唤她的加入。她要摆脱这丑恶的封建礼教所带来的禁锢和残害，把自己的一身才学、满腔热情投入到革命事业中去。

秋瑾（清）／《满江红·肮脏尘寰》

肮脏尘寰，问几个男儿英哲！算只有蛾眉队里，时闻豪杰。良玉勋名襟上泪，云英事业心头血。醉摩挲、长剑作龙吟，声悲咽。

自由香，常思热；家国恨，何时雪？劝吾侪今日，各宜努力。振拔须思安种类，繁华莫但夸衣玦。算弓鞋、三寸太无为，宜改革。

这首词亦作于北京时期。当时秋瑾已和丈夫王廷钧决裂，即将踏上赴日留学之旅。

和丈夫闹翻之后的秋瑾，也曾想过重归于好。她并不是一个冷酷无情的人，结婚八载，育有一儿一女，若非王廷钧实在过分，她又怎么舍得这一切呢！这个满身侠气的女子亦曾写下幽怨之词《临江仙》：

恨煞回天无力，只学子规啼血。愁恨感千端，拍危栏。枉把栏干拍遍，难诉一腔幽怨。残雨一声声，不堪听！

可以看出，秋瑾希望丈夫能够回心转意。她也曾如同古典诗词中的那些幽闺怨妇一般，独自倚栏，空守寂寞，任凭点滴的雨声砸落心头。但她毕竟非同一般的女子，很快就意识到丈夫不可能改邪归正，于是她终于下定决心，

236

要和这腐朽的一切彻底决裂。

秋瑾离家出走后先是暂住在好友吴芝瑛家里。吴芝瑛的叔父是清末著名的桐城派学者吴汝纶，吴芝瑛丈夫廉泉则是王廷钧的同事。秋瑾和她志趣相投，才学相当，两人经常在一起谈诗论文，并且结为金兰姊妹。吴芝瑛家里有不少新书刊，从中秋瑾逐渐了解了当时的进步思想，接触到一个更为广阔的世界。后来，秋瑾又住在同乡陶大钧家。陶大钧的妻子狄子是日本人，她温柔善良，很同情秋瑾不幸的婚姻遭遇，也很佩服秋瑾的才华和抱负，两人很快结为知己。

有好友相伴，秋瑾心中的愁闷渐得舒展，同时也更加关注女性解放与社会改革。她认为，在动荡不安的社会里，没有几个男子算得上真英雄；反倒是柔弱不堪的女子，往往成为国之英杰。秋瑾最佩服的，就是明朝的两位女将军秦良玉和沈云英。她们虽身为女儿，却耗尽心血，征战沙场，建立了令男子都汗颜的卓越功勋。每每想起她们，秋瑾便悲从中来，忍不住感慨自己的志向无法实现。

20 世纪初，清政府曾实行"维新新政"，包括政治、经济、军事、外交、文教等方面。其中文教改革包括废科举、兴学堂、向国外派遣留学生等，因为当时日本刚刚崛起，并且和中国是一衣带水的邻邦，因此很多人都选择去日本留学。秋瑾从好友狄子那里也了解到日本的迅速发展，便产生了赴日留学的念头。然而，这谈何容易呢？秋瑾不符合公费留学的条件，只能自费留学。她一向淡泊名利，并无丰厚的积蓄，留学费用就成了一道难题。

无奈之下，秋瑾只能向丈夫求助。王廷钧自是不愿应允，他不允许秋瑾做出任何有损王家脸面的事，更别说出国留学了。但他也知道秋瑾心意已决，无法更改，于是就偷偷藏起了妻子的首饰，希望她能知难而退。

还好秋瑾身边还留有一些饰物，她变卖了所有能变卖的东西，再加上朋友们的资助，终于攒了一笔钱。这天，她来看好姐妹吴芝瑛。一进门就看到吴芝瑛紧锁眉头，面有愁容。

"姐姐，你怎么了？"

"唉！你可听说了吗？礼部有个叫王照的主事，因为变法被捕下狱了！我和他相交多年，最知道他的为人。他虽然年轻，却是个能干实事的，一心要为国家出点力。谁料到反而落得这个下场！"说着，吴芝瑛垂下泪来。

"竟有这样的事！可知国家要亡了！"秋瑾大怒，又转而安慰道，"你也别着急，咱们一起想办法，总能把他救出来！"

"办法不是没有。几个朋友都在凑钱，希望能救他出狱。可所费颇多，一时间又去哪里凑这么笔巨款呢！"

"钱算什么！"秋瑾把手一拍，高声说，"还差多少？我来出！"

"这怎么行！那是你要去日本的钱，好容易才凑够了，怎么还能要你的？不行！我们还是另想法子吧！"

"怕什么！旅费没了还可以再筹，救人要紧！"说到这里，秋瑾莞尔一笑，"我只有一个要求，把人救出后千万别提我的名字。我虽和他不相识，却也佩服他的为人，那种救人的虚名儿我可不要！"

就这样，秋瑾把自己大部分的旅费都捐了出来。因筹款及时，王照很快便被释放了。他知道有人曾捐出巨资营救自己，但无论如何打听，都不知道救命恩人到底是谁。最后，他亲自找到吴芝瑛，再三恳求，方才得知秋瑾的高尚之举。他被秋瑾深深地感动了，到处寻找秋瑾的下落，希望能当面拜谢。然而此时秋瑾已离开北京，使得王照遗憾不已。

因旅费不足，秋瑾又继续奔走，四处筹措，终于在1904年4月来到日本。赴日之前，她曾改换男装，并将换下的女装赠予吴芝瑛，说："此我嫁时物，因改装无用，今以贻姐，为别后相思之资。"并写下《自题小照男装》七律一首：

　　俨然在望此何人？侠骨前生悔寄身。
　　过世形骸原是幻，未来景界却疑真。
　　相逢恨晚情应集，仰屋嗟时气益振。
　　他日见余旧时友，为言今已扫浮尘！

　　一身侠气的秋瑾终于变装赴日，既是追寻个人的自由，亦是为救国而奔走。她从来不羡慕那些鲜服华裳的美丽女子，她们多数是男人的玩物，社会的牺牲品。在她看来，民族的振奋图强才是每个中华儿女值得奋斗的目标。终有一日，三寸金莲、丽服芳姿将不再是女人骄傲的资本，她们将像男人一样，去建立属于自己的功业。

吕碧城（民国）／《祝英台近》

缒银瓶，牵玉井，秋思黯梧苑。

蘸渌搴芳，梦堕楚天远。

最怜娥月含颦，一般消瘦，又别后、依依重见。

倦凝眄，可奈病叶惊霜，红兰泣骚畹？

滞粉黏香，绣屧悄寻遍。

小栏人影凄迷，和烟和雾，更化作、一庭幽怨。

民国不乏才女，吕碧城是其中的佼佼者。她是"中国近三百年最后一位女词人"、中国报业史上第一位女编辑、中国第一位女性撰稿人、中国近代教育史上第一位女校长、中国女权运动的首倡者、袁世凯政府时期机要秘书，是当时女子参政的最高官，对中国政局失望之后，她又携母移居上海，打拼商海，短短几年便积累了数量可观的财富。词人、官员、教育家、商人、倡导者……吕碧城将自己的人生过得恣意精彩，风生水起。

不过，这位才情惊艳的奇女子，却终生未嫁，最终在香港地区跑马地仙逝，临终遗言："骨灰和面为丸，投诸海中，结缘水族。"

吕碧城未及豆蔻之年，就曾写出"绿蚁浮春，玉龙回雪，谁识隐娘微旨？夜雨谈兵，春风说剑，冲天美人虹起。"这样豪气冲天的词，为当时"评论大家"樊增祥推崇。

二十岁时，吕碧城打算"探访女学"，却遭到舅父的反对，这位恣意洒脱的小姐决意离家，竟然连行装也不要，登上了北上的火车。因缘巧合，吕碧城遇到了她的伯乐，《大公报》的总经理英华。英华无意中读到吕碧城所写书信，即为她的文采折服，亲自登门寻找吕碧城，聘用她为《大公报》编辑。

1904 年，吕碧城升任《大公报》主笔，其文章频频见诸报端，不论文采还是气度，轰动京城。最为著名的是，1908 年，慈禧与光绪帝相继离世，动荡不安的朝廷让很多人惶惶不可终日。

在这样的当口，吕碧城一阕《百字令》痛斥慈禧："禁得兴亡千古恨，剑样英英眉宇。屏蔽边疆，京垓金弊，纤手轻输去。游魂地下，羞逢汉雉唐鹉。"说她割地赔款，祸国殃民。并配慈禧画像刊登在报纸上，震动朝野。

当然，吕碧城的美貌也让人惊艳。民国才女苏雪林一生自视甚高，却称她"美艳如仙子"，并随身携一张吕碧城穿孔雀装的相片：她身穿黑色薄纱的舞衫，胸前及腰以下则绣着孔雀翎，头上插着翠羽数枝。这大概也引领了当时的名媛衣着时尚吧。

面对这样一位才情惊艳、面目如画的女子，哪个贵胄才子会不动心？彼时，袁世凯之子袁克文、李鸿章之子李经义等人纷纷与其结交，形成了"绛帷独拥人争羡，到处咸推吕碧城"的盛景。

在社交场，吕碧城与男子唱和诗词，谈古论今，丝毫不逊须眉。不知有多少男子拜在她的脚下。不过，这些男子却最终未能与其携手。

心高气傲的吕碧城，将感情世界看得很淡很淡，当身边的人纷纷劝说她赶紧趁年轻嫁人时，她总是微笑着不以为意。一来二去，这绝代风华的女子便熬成了"剩女"。对此，十分关心吕碧城的前辈严复看在眼里，急在心里，当他忍不住提起吕碧城的婚姻大事时，吕碧城居然回答道："至今日自由结婚之人，往往皆少年无学问、无知识之男女。当其相亲相爱、切定婚嫁之时，虽旁人冷眼明明见其不对，然如此之事何人敢相参与，于是苟合，谓之自由结婚。转眼不出三年，情境毕见，此时无可诿过，其悔恨烦恼，比之父兄主婚尤甚，并且无人为之怜悯。此时除自杀之外，几无路走。"

当时，人们曾经纷纷传说吕碧城与"民国四公子"之一、袁世凯的儿子袁克定关系暧昧，而风流潇洒的袁克定也确实为吕碧城的风采而着迷，但吕碧城不为所动，有人询问此事，她便微微一笑，回答道："袁属公子哥，只许在欢场中偎红依翠耳。"一句话便揭示出袁克定的本来面目。

如此理性地对待感情世界里的点点滴滴，民国时期的奇女子中恐怕只有吕碧城才能做到如此了。到了最后，吕碧城竟然因"年光荏苒所遇迄无惬意者，独立之志遂以坚决焉"。如此潇洒决绝的奇女子，哪怕是成为剩女，她的举手投足依然牵动着无数人艳羡的目光，时人称赞她"天然眉目含英气，到处湖山养性灵"，这"天然眉目含英气"一句，十分切合吕碧城潇洒不羁的性格，恍若《红楼梦》里的史湘云。

据说，吕碧城还与民国女侠秋瑾有过一段交情。当时秋瑾正跟丈夫王廷钧住在北京，闲居无聊之时，便常常用"碧城"的笔名写作诗文，并在报刊上发表。一次偶然的机会，秋瑾在报纸上看到了吕碧城发表的文章，觉得这另一个"碧城"才华更胜过自己，非常倾慕，希望与吕碧城见上一面。

就这样，在一个平凡的日子里，秋瑾穿着一身男装与吕碧城相见了。见对方比自己小9岁，而且如此貌美，秋瑾更是啧啧惊叹，两人促膝长叹，相见恨晚。

不过，女人和女人的关系本来就是十分微妙的，何况在一起的还是两个同样心高气傲的女子，她们虽然惺惺相惜，但是对于当时的国家时势，却各有各的见解，谁也不服谁，吕碧城不赞成秋瑾偏激的主张，秋瑾也不太满意吕碧城的态度。她们后来没有再见面，随着秋瑾东渡日本，她再也不以"碧城"为笔名写作了，"鉴湖女侠"则成为她更为人所提及的名号。

后来吕碧城在回忆这段故事时很得意地说，是秋瑾见才华不如自己，这才主动让出"碧城"这一名号的，这句话是真是假，后人不得而知，但明显可以看出，吕碧城是十分骄傲的女子。

而这首《祝英台近》诗是吕碧城词作的代表作品，这位个性似男儿般俊逸潇洒的女子，词却写得纤巧清秀，恍若闺中女儿，婉约中偶见雄奇。

这首词以传统的闺怨题材为主，写景状物无不围绕一个"情"字，无论是"绾银瓶，牵玉井"，还是"蘸渌搴芳"，都让人联想到女主人公的秋思，而"最怜娥月含颦，一般消瘦，又别后、依依重见。"更是将主人公相思的种种情态表现出来，那个颦眉蹙目的闺中女儿，因思念那远行之人而日渐消瘦，病体缠身。这番描写，分明是《红楼梦》中春思的黛玉形象，纤细，柔弱，敏感，多情，惹人无限怜爱。

再看下片，"倦凝眄，可奈病叶惊霜，红兰泣骚畹？"这相思的闺中女儿，已经经不起秋风秋雨的摧残，而"小栏人影凄迷，和烟和雾，更化作、一庭幽怨。"则借助景物将这种相思之情化为更加朦胧、幽怨的境界。这词中，吕碧城表现的是对多情女子的怜惜、同情，是对美好生命的爱和珍惜，尽管她从未想过要做一个纤细、柔弱、为情所伤的女子，但谁能肯定她的内心深处就没有过为情所动、为情所伤、为情所困的时候呢？

只不过，她是那样傲气的女子，宁为玉碎不为瓦全，她的心胸那样博大，能装下的不仅仅只是爱情，还有这个无比美好的大千世界。